Inès Keerl & Karin Lichtenstein

PAUSENBROT RELOADED 3

Das Ernährungskonzept für jeden Schultag!
Die kompakte Lunchbox für
deine ABC-Schützen.

Cover & Layout by Vladimir Zavgorodny
Illustrations: Medienwerkstatt Dreimaster
Fotos: shutterstock, Pictures by clementine

Fur Fragen und Anregungen: mydayreloaded@gmail.com

1. überarbeitete Auflage 2022: ISBN-13: 978-1731162861

Weitere Informationen finden Sie unter www.mydayreloaded.de

INHALTSVERZEICHNIS

Unser Buch soll Dir dabei helfen, das Leben Deiner Kinder noch besser zu machen. Bevor es aber um Deine Kids geht, wollen wir uns Dir ganz persönlich widmen und Dir nicht nur für den Kauf meines Buches danken, sondern Dir auch etwas, dass uns selbst das Leben erleichtert hat, schenken.

Um Dein Geschenk zu erhalten, gehe auf den folgenden Link:

http://bit.ly/buchextras

WICHTIG

Im Buch gibt es immer wieder praktische Links und Tipps. Alle Tipps und Links haben wir hier auch noch einmal übersichtlich für Dich zusammengefasst.

http://bit.ly/buchextras

Das 1. Schulfach zur 0. Stunde

Gedanken zur Entstehung unserer Buchreihe Pausenbrot Reloaded-Reihe

Früh beginnt es – das so wichtige erste Schulfach. Für Schulkinder nur manchmal, für Mütter immer – und zwar in der nullten Stunde. Der Stunde also, die vor allen Anderen beginnt. In dieser Stunde sorgt man sich als Mama neben dem Aufstehen, Anziehen, Frühstück machen, Zähne putzen, u.s.w. auch um das Pausenbrot. Und wir tun dies nicht nur hin und wieder, nein, wir machen es Tag für Tag, Woche für Woche, Jahr für Jahr, so lange unsere Kinder in die Schule gehen.

Trotz des Zeitdrucks am Morgen versuchen wir die Brotdose liebevoll zu füllen.

Leider aber landet das Pausenbrot – wie altmodisch und langweilig das Wort schon klingt – sehr oft nicht dort wo es eigentlich hingehört, nämlich in den hungrigen Magen unseres Kindes! Nein, unser Kind zieht es vor, die Schnitte in der Schule zu tauschen, halb aufgegessen nach Hause zu bringen oder es in der Schule zu „entsorgen" und in der Schulmensa einen Riegel zu kaufen.

Das Pausenbrot gilt als altbacken und nicht wie Fastfood als cool, modern und angesagt.

Dem Pausenbrot fehlt das Lebensgefühl von Freiheit und Lässigkeit. Machen wir es also wieder salonfähig, das Pausenbrot unserer Kinder! Dabei gibt es so viele Möglichkeiten, aus dem scheinbar veralteten und zuweilen an den Rand der Bedeutungslosigkeit gedrängten Pausenbrotes leckere, gesunde und trotzdem keineswegs teure Snacks zuzubereiten.

Aber wie?

Da wir als Mütter vor dem gleichen Problem standen, haben wir uns zunächst folgende Fragen gestellt:

- Nutzen wir die unendliche Vielfalt an Lebensmitteln, die uns heute zur Verfügung stehen, voll aus?
- Nehmen wir saisonale und regionale Produkte?
- Versuchen wir das Essen am Abend und am Wochenende so zu gestalten, dass für das Pausenbrot am nächsten Tag etwas übrig bleibt und wir damit Zeit sparen?

- Können wir etwas schon am Abend vorbereiten, um Stress am Morgen zu vermeiden?
- Binden wir die Kinder mit ein?
- Stellen wir uns der Herausforderung, Ernährung zum 1. Schulfach zu machen und zu einem selbstverständlichen Thema in der Familie?
- Mahnen wir: „Vergiss dein Pausenbrot nicht!“ oder locken wir mit: „Dein FoodPackage is ready“.

Ist ohne von den Kindern akzeptiertes Essen, das Kraft und Energie gibt, überhaupt Spaß am Lernen möglich?

Wir sind all diesen Fragen nachgegangen und haben Lösungen für uns gefunden. Daraus entstand die **PAUSENBROT RELOADED** Reihe, das Food Konzept oder wie wir es auch gerne nennen, eine „Reise“ für jeden Schultag in unsere neue Pausenbrotwelt mit neuen Ideen, mit **SNACK PREPS** und **FOOD PACKAGES** und mit lustigen und lehrreichen Tipps und kleinen Anekdoten. Wir wünschen euch und euren Kindern viel Spaß damit.

Gewidmet unseren Söhnen, die dieses

Buch erst möglich gemacht haben.

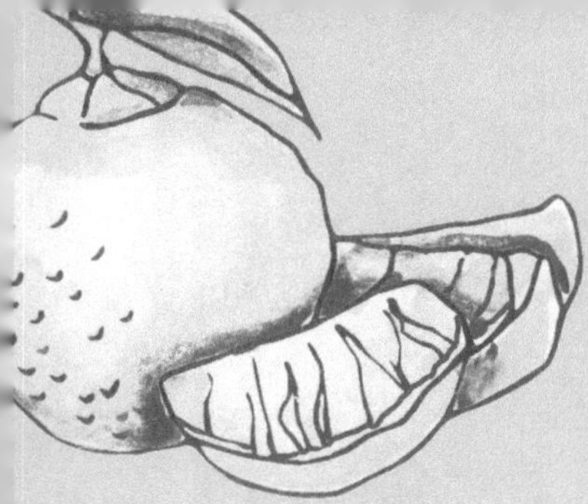
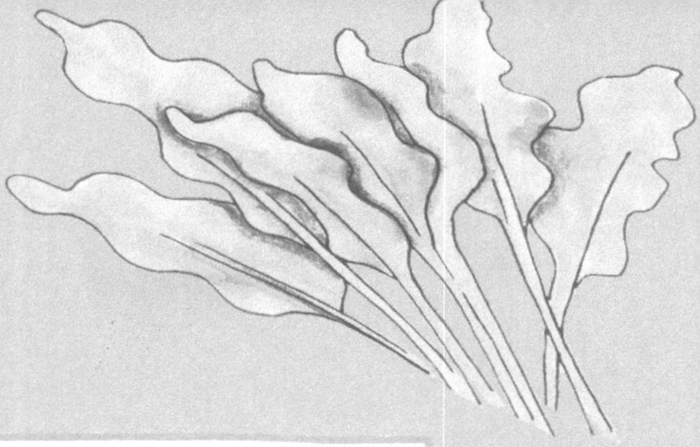

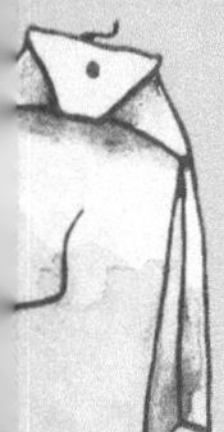

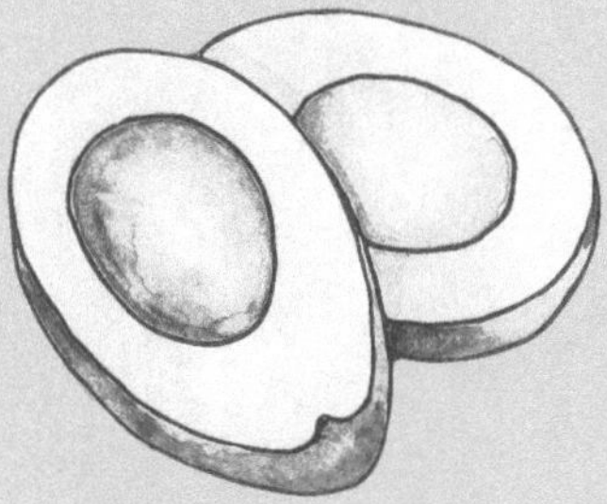
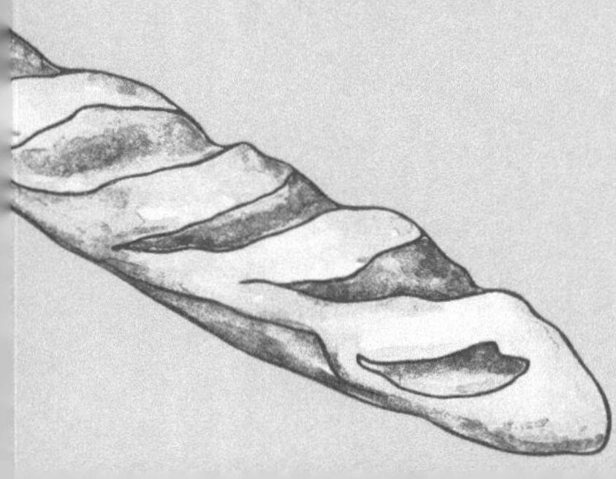

Warum das Pausenbrot so wichtig ist und wir es „reloaden“

Es wird viel über die richtige Ernährung von Schulkindern gesagt, geschrieben und diskutiert. Als Eltern sollen wir dies und das beachten und dies und das lassen. Begriffe wie Vital-, Ballast- und Mineralstoffe, Kohlenhydrate, Kalzium, Eisen fliegen uns besorgten und engagierten Müttern und Vätern um die Ohren.

Was ist richtig? Was ist falsch? Wie mache ich es am besten? Wie überzeuge ich mein Kind von gesundem Essen? Wie kann ich mein Kind erfolgreich von Burgern, Riegeln, Chips, Zucker, Fett und sonstigen „hippen“ Lebensmitteln fern halten? Vor allem aber: wie schaffe ich es, dies auch im für mich stressigen Alltag mit viel zu wenig Zeit zu bewerkstelligen?

Eine entscheidende Komponente des täglichen Essens ist dabei das sogenannte Pausenbrot. Völlig unterschätzt in seiner Bedeutung, denn – was viele sich nicht vor Augen führen - es verbindet unser Zuhause mit dem täglichen Leben in der Schule und wird allzu häufig stiefmütterlich behandelt.

Unsere Kinder gehen in der Regel zwischen 9 – 12 Jahren je nach Schulabschluss, in die Schule, also im Alter von 6 – 18 Jahren. Es ist eine entscheidend prägende Zeit, physisch wie psychisch. In dieser Zeit wachsen sie nicht nur zu jungen Erwachsenen heran, in dieser Zeit werden die Grundsteine für ihr späteres Leben gelegt. Dafür brauchen sie Energie und Kraft. Eine Voraussetzung dafür ist die richtige Ernährung, die Körper und Geist optimal versorgt.

Dabei spielt das Pausenbrot eine wichtige Rolle.

Eine Mutter oder ein Vater schmiert pro Tag pro Kind zwei Schnitten oder Stullen. Zwei Mal fünf Tage die Woche sind 10 Pausenbrote in der Woche. Bei durchschnittlich 40 Wochen Schule pro Jahr macht dies bereits 400 Pausenbrote jährlich. Geht unser Kind 12 Jahre zur Schule, sind dies 4.800 Brote pro Kind. Bei zwei Kindern sind es 9.600 Stullen, bei drei Kindern sind wir dann bei unbeschreiblichen 14.400 Pausenbroten.

Diese Zahlen sagen nicht nur etwas über die Mühen der Mütter und Väter aus, diese täglich zuzubereiten, sondern vor allem auch über das Ausmaß des täglichen Einflusses, dass das völlig unterschätzte Pausenbrot auf unsere Ernährungsgewohnheiten hat. Wir wachsen damit buchstäblich auf. Es bestimmt als ein Baustein unsere aktuellen, aber vor allem unsere späteren lebenslangen Essgewohnheiten.

Das Pausenbrot ist **die Chance** für uns Eltern, unseren Kindern täglich gesunde Ernährung in die Schule mitzugeben. Deswegen sollte es abwechslungsreich, bunt und mit frischen Ideen daherkommen.

Nur mit dem mitgegebenen Essen von zu Hause haben wir unmittelbaren Einfluss auf Inhalt und Qualität des Pausenbrotes. Wir verlassen uns nicht auf die Snacks und Fertigprodukte aus dem Supermarkt und nicht auf das Schulessen. Wir machen es selber. Das ist auch keine Frage des Geldes. Selbstgemacht ist preiswerter als gekauft. Es ist eine Frage von Organisation, Zeitmanagement und einfach vielen guten Ideen.

Hier kommt der Pausenbrot-Reloaded-Planer ins Spiel. Wir haben FOOD-PACKAGE-Ideen für jeden Tag entwickelt, damit ihr aus einem Aschenputtel-Pausenbrot ein Cinderella-Sandwich zaubert, jeden Tag neu. Und zwar mit und aus „puren" Lebensmitteln.

Pausenbrot Reloaded ist kein Rezept- geschweige denn ein Kochbuch. Es ist ein praktischer, übersichtlicher Leitfaden, ein Feuerwerk an Ideen, was Mütter und Väter Kindern in die Schule mitgeben können. Von Montag bis Freitag, rund ums Jahr. Denn unsere **FOOD-PACKAGES** gehen mit dem **Rhythmus der Jahreszeiten**. **Früchte und Gemüse** stehen vor allem dann „im" Plan, wenn Erntezeit ist, z.B. Erdbeeren im Mai, Kirschen im August, Freilandgurken im September.

Die Vorschläge können ganz übernommen oder einzelne Ideen herausgesucht, abgewandelt oder variiert werden, je nachdem was im Kühlschrank ist. Der hier vorliegende Teil 3 der Pausenbrot Reloaded Reihe begleitet euch von Februar bis April, also mit dem Obst und Gemüse des späten Winters und beginnenden Frühlings.

Das ABC von Pausenbrot Reloaded - Bei uns ist kein Tag wie der andere

Für jede Schulwoche findest du von montags bis freitags, täglich wechselnde Vorschläge für die LunchBox deiner Kinder.

Ein FOOD PACKAGE besteht dabei immer aus den 4 Komponenten.

Die Basics dafür sind variabel:

- Brot
- Obst/Gemüse
- Milch-/pflanzliche Produkte und
- einem Getränk

unter Berücksichtigung

- verschiedener „Brotsorten“ von Roggenvollkorn über Zwiebelbrot, Bagels, Wraps, Fladenbrot, Baguette, Pumpernickel bis hin zu Pita oder Laugenzopf,
- der verschiedenen Geschmäcker: daher gibt es bei uns Fleisch-, „fischige“, vegetarische und vegane Vorschläge,
- von frischem Obst und Gemüse: von „pur“ über Smoothies, Mixes bis zu kleinen Salaten,
- von Milch-, Nuss- und pflanzlichen Produkten: von Quark über Kefir bis Soja, Mandel und Lupinen, von saisonalen Produkten und von „einfachen“, nicht zusammengesetzten Lebensmitteln (selber machen).

Weiterhin stellen wir dir rund um unsere täglichen Food Packages **Hintergrundinformationen und Wissenswertes** zu den Bestandteilen unserer Snacks vor, erzählen dir Geschichten und verraten Besonderheiten über die Lebensmittel.

Als I-Tüpfelchen möchten wir mit Pausenbrot Reloaded das tägliche Abendessen in der Familie und das gemeinsame Essen am Wochenende inspirieren und gute und gesunde Ernährung zum Thema innerhalb der Familie machen. Dafür geben wir Tipps zu Familienabendessen in der Woche und/oder für das Wochenende. Binde deine Kinder altersgemäß mit in die Vorbereitungen ein! So lernen sie spielerisch. Und esst zusammen und redet über euren Tag! Essen in der Familie ist wertvoller und schweißt mehr zusammen, als wir manchmal denken.

Was am Vorabend zubereitet werden kann oder vom Abend- oder Wochenendessen übrig bleibt, wird automatisch der **SNACK-PREP** für den nächsten Schultag. Damit sparst du Zeit am Morgen und verwertest deine Lebensmittel optimal.

Die Basics oder was man in der kalten Küche alles essen kann

Brot — immer!

Brot hat Eigengeschmack. Probiert verschiedene Brotsorten – mal Hafer, Roggen, Dinkel, Buchweizen, Hirse, Gerste, etc.! Testet verschiedene Ölsaaten - Sesam, Kürbis, um nur zwei Beispiele zu nennen, oder Brot mit Nüssen oder mit verschiedenen Kräutern, oder, oder, oder.

Favorisiert, wenn möglich Vollkorn, hier steckt das ganze Korn im Brot. Gerade die Schale enthält einen Großteil der im Getreide enthaltenen wertvollen Mineralstoffe, Öle, Ballaststoffe und Vitamine. Vollkornbrot macht auch länger satt und liefert wichtige Energie, die der Körper braucht!

Neben den vielen Sorten von dunklem Brot sollten auch Fladenbrot, Bagels, Wraps, Pitabrot, Körnerbrötchen, Baguette, Vollkornsandwiches und was es noch alles gibt probiert werden. Abwechslung ist das Wichtigste!

Butter – kann, muss nicht!

Die gute alte Butter kann durch Quark oder Frischkäse ersetzt werden, aber auch durch Tomatenmark, Senf, Meerrettich, Humus oder vegane Varianten.

Wurst, Fisch, Käse – was denn nun?

Beläge für Brot sind vielfältig. Wir können zwischen Käsesorten, Wurst oder Schinken und/oder vegetarischen und veganen Varianten des Schulbrotbelages wählen. Gekörnter Frischkäse mit Senfgurken oder geraspelten Rettich sind Beispiele für optimale Alternativen.

Gemüse – nur nicht das Wort laut aussprechen!

Gemüse hat bei Kindern einen schlechten Ruf. Das ist auch kein Wunder, denn meist wird es zerkocht und schmeckt dann nicht mehr. Probiert doch mal verschiedene Zubereitungsformen bei Gemüse aus und reicht dazu einen Dip, z.B. Kohlrabisticks in Pommesform mit Currydip. Oder zaubert mit einem Spiralschneider Möhrenspaghetti, würzt sie mit einem Spritzer Sojasauce und bestreut sie mit Sesamkernen oder einer Asia-Gewürzmischung. Überhaupt sind Mixe – wie wir die „kleinen Salate" nennen - für Gemüse wie gemacht. Tomaten werden mit Mozzarellakugeln und einem Spritzer Balsamico gemischt, viel lieber gegessen. Und eine Mischung aus Radieschen, saurer und grüner Gurke mit Käsewürfeln und einem Spritzer Essig ist schnell gemacht und super lecker. Just simple.

Salat – auf alle Fälle!

Salatblätter machen jede Schnitte zum „frischen" Sandwich. Ob grüner Kopfsalat, Rucola, Feldsalat, Endiviensalat oder Lollo Rosso. Saftig, gesund und lecker.

Kräuter und Gewürze – immer gut für Überraschungen!

Mit frischen Kräutern, wie z.B. Kresse oder Basilikum, oder Sprossen, z.B. Radieschen- oder Brokkolisprossen könnt ihr Farbe und abwechslungsreichen Geschmack in Pausenbrote bringen. Das gleiche gilt für Gewürze und Gewürzmischungen.

Körner, Nüsse, Trockenfrüchte – die Energiebomben!

Sonnenblumenkerne, Leinsaat oder Kürbiskerne. Wal-, Hasel oder Erdnüsse, aber auch Mandeln oder Trockenfrüchte machen Mixes oder Desserts zu hochwertigen Energiebomben. Schmecken aber auch einfach so pur auf die Hand.

Und vergessen wir nicht die Vielfalt an Haferflocken, Gerstenflocken, Mehrkornflocken, aus denen wir ein Müsli oder Overnight Oates machen können.

SNACK-PREPS – unser Favorit!

Sie machen jeder Mom das Leben leichter. Wir nutzen die Abend- und Wochenendessen, kochen und/oder backen ein „bisschen“ mehr und geben es am nächsten Tag mit in die Schule. Zum Beispiel eine Frikadelle aufs Brot, die roten Linsen im Wrap oder der Pfannkuchen mit Blaubeeren der am nächsten Tag noch genauso oder gar besser schmeckt.

Trinken – wenn man Durst bekommt, ist es schon zu spät!

Auch hier empfehlen wir verschiedene Varianten und bieten jeden Tag ein anderes schnell selbst zu mixendes Getränk an. Wasser, Schorlen, warme und kalte Tees, Vitaminwasser und sogar einmal eine Cola. Nichts verbieten und alles versuchen.

Darbietung und Verpackung

Ob klassische Bento, Yumbox oder coole LunchBag, in 12 Jahren Schulzeit ändert sich doch so einiges bei Menge, Auswahl und Komposition der Lebensmittel in der Brotbox.

Zu Beginn der Schulzeit freuen sich die Kleinen über Gurkenscheiben in Herzchenform, Käsewürfel mit zwei Augen aus Heidelbeeren oder über eine Banane mit aufgemalten Lachmund. Die Lunchboxen zu füllen macht riesigen Spaß. Man kann viel ausprobieren, um sie lustig und interessant für die Kinder zu machen. Dafür gibt es tolles Zubehör:

Ausstecher sind praktisch, um dem Brot mal eine andere Form zu geben. Silikonformen in den unterschiedlichsten Farben eignen sich perfekt, um die jeweiligen Fächer der Boxen bei Bedarf noch einmal zu teilen. Süße Foodpicker mit Herzchen, Augen oder Sternen gibt es in vielen verschiedenen Farben und mit Eierformern, kann man auf gekochten Eiern süße Tiergesichter aufdrücken.

Je größer die Kinder werden, umso peinlicher wird jedoch dieser niedliche Gruß der Mama, sowie der obligatorische Abschiedskuss vor der Schule.

Die Lunchbox sollte „mit dem Alter gehen". Viele „größere" Schulkinder bevorzugen moderne Lunchbags, in die das Essen gestellt und/oder gelegt wird. Die Sandwiches kommen dann am besten in Papiertüten. Schraubgläser eignen sich für die Salate und Desserts.

Ab einem gewissen Alter sollte man auch die Lebensmittel „pur" präsentieren. Eine Brotscheibe ist kein Känguru, sondern eine Brotscheibe. Ein Apfel hat auch keine Augen aufgeklebt und ist auch nicht kariert. Er ist ein Apfel: rot oder grün oder gelb, rund und saftig, so wie ihn die Natur geschaffen hat. Haben unsere Kinder, als sie klein waren, den „spielerischen" Umgang mit Lebensmitteln gelernt, um „alles mal zu probieren", sollten sie nun lernen, Form, Farbe und Konsistenz von Lebensmitteln erkennen zu können.

Probiere einfach aus, wie es für dich und dein Kind am besten ist.

Gutes Gelingen und immer leere Brotdosen und Lunchbags!

FOOD PACKAGES

FEBRUAR • MÄRZ • APRIL

FEBRUAR

Für unsere Schulbrot-Ideen im Februar stehen uns nach wie vor **Zitrusfrüchte, aber auch getrocknete Früchte sowie gefrostetes Obst oder Äpfel aus der Lagerhaltung** zur Verfügung. Frisches Gemüse des Monats sind **Rote Beete, Rosenkohl, Porree, Grünkohl, Feldsalat und Postelein.**

Warmer Früchtetee zum Mitnehmen in einer Isolierflasche ist immer gut, denn warmer Tee gibt uns ein Stück Geborgenheit von zu Hause mit in die Schule und wärmt dein Kind an kalten Tagen von innen.

Wenn du Band 1 oder 2 bereits haben solltest, konntest du Pausenbrot Reloaded schon gut in deinen Alltag integrieren? Und nutzt du die Tipps für das Abendessen, um dir Arbeit für den nächsten Tag zu sparen?

Gemeinsam einmal am Tag zu essen hält die Familie zusammen und man erfährt, was tagsüber so alles passiert ist bei den Kids.

Unsere Vorschläge sind auch **TIPPS** für die Kids zum Mitmachen!

Do it yourself und Gutes Gelingen!

WOCHE 1

MONTAG

Rote Zwiebel-Dorschleber-Brot • Dillgurken • Mandarinen-Mix • Wassere

DIENSTAG

Baguette mit Büffelmozarella • Apfel-Mandel-Mix • Sojamilch • Apfelschorle

MITTWOCH

Baguette mit Büffelmozarella • Apfel-Mandel-Mix • Sojamilch • Apfelschorle

DONNERSTAG

Baguette mit Büffelmozarella • Apfel-Mandel-Mix • Sojamilch • Apfelschorle

FREITAG

Vollkornbrötchen mit Mett • Kleine bunte Möhren • Orangenquark • Schorle

Montag

Brot mit Dorschleber und roten Zwiebeln

2 mit wenig Butter und der Dorschleber bestrichene Brotscheiben mit Salat, dünnen Tomaten- und Zwiebelscheiben belegen, etwas salzen und pfeffern. Zuklappen, halbieren, fertig!

Rote Zwiebeln sind viel milder als weiße Zwiebeln. Außerdem sehen Sie durch ihre lila Farbe auf dem Brot oder in Salaten einfach schön aus. Gesund sind sie auch noch.

Mandarinenstückchen

Mandarinenstückchen mit Sultaninen und Walnusskernen bestreuen, fertig. *Löffel mitgeben!*

2 eingelegte Dillgurken

Wasser

1 große Flasche Wasser Medium

Dienstag

Baguette mit Tomaten und Bio-Büffelmozarella

2 mit etwas Butter bestrichene Baguettehälften mit Rucola-Salat, dünnen Tomatenscheiben und Basilikumblättern belegen, etwas salzen und pfeffern. Zuklappen, halbieren, fertig!

Wenn du kein frisches Basilikum hast, nimm einfach Trockenkräuter oder eine Gewürzmischung, zum Beispiel einen italienischen Mix aus Oregano, Basilikum, Majoran, Rosmarin, Petersilie,Thymian und Salbei.

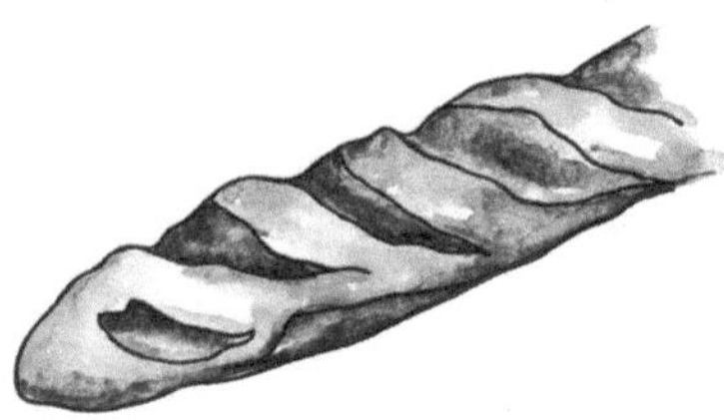

Apfel-Rosinen-Mandel-Mix

Apfel in kleine Stückchen schneiden, mit Rosinen und gehobelten Mandeln mischen und mit Zitronensaft beträufeln. *Löffel mitgeben!*

Sojamilch Schoko

Tetrapack mit Strohhalm à 0,25 L

Apfelsaftschorle

1 große Flasche Wasser mit Saft mischen (3/4 Wasser, 1/4 Saft)

SNACK-PREP:

Bereite doch schon heute Abend das Frühstücksmus für morgen vor. Damit sparst du Zeit.

Mittwoch

Brotdreiecke mit Putenschinken

2 mit etwas Butter bestrichene Brotscheiben (Kastenbrot) mit Salat, dünnen Tomatenscheiben und Putenschinken belegen, mit gekörntem Frischkäse toppen, salzen und pfeffern. Zuklappen, schräg halbieren, fertig!

Eine Handvoll getrocknete Aprikosen

Getrocknete Früchte schmecken sehr süß. Eine gesunde kleine Nascherei mit Ballaststoffen, Kalium, Kalzium, Magnesium und B-Vitaminen.

Frühstücksmus zum Löffeln

Banane, Joghurt, Quark, Kakaopulver, Erdnussmus, 1 Prise Zimt, Vanillezucker oder Agavensirup mit dem Stabmixer kurz pürieren, fertig! *Löffel mitgeben.*

1 Isolierflasche warmer Kamillentee

Am besten ist es natürlich, frische Kamille aufzubrühen. Aber es gibt den Tee natürlich auch im Teebeutel.

SNACK-PREP:

Mach doch am Abend einfach mal Pellkartoffeln mit Kräuterquark. Das ist lecker, preiswert und geht schnell. Wenn Kartoffeln übrig bleiben, haben wir eine Idee für morgen in die Schule.

Kartoffeln stammen ursprünglich aus Südamerika, die Spanier sollen die" patata" mit nach Europa gebracht haben. Am besten kauft man ungewaschene Kartoffeln frisch auf dem Markt. Die Erdäpfel sind gut haltbar, wenn man sie kühl und dunkel lagert.

Donnerstag

Das Smörrebröd der Smørrebrødsjomfru

Das Smørrebrød (Butterbrot) ist das traditionelle Mittagessen in Dänemark. Dem üppigem Brotbelag sind keine Grenzen gesetzt.

1 Schwarzbrotscheibe mit gekörntem Frischkäse und Senf bestreichen, mit Kartoffelscheiben von gestern, Schweinebraten, Gurkenscheiben und sauren Gurkenwürfeln, Zwiebelringen belegen und mit Kresse, Dill oder Schnittlauch bestreuen.

Das Smørrebrød wird immer mit Messer und Gabel gegessen. Wir empfehlen das Brot auf einem Pappteller anzurichten, diesen an den Seiten umzuklappen und in Folie zu wickeln. In der Schule in der Cafeteria einfach aufklappen.

Für den Beruf der „Smørrebrødsjomfru“ (Butterbrot-Jungfrau), die für die fachgerechte Zubereitung des traditionellen Smørrebrød zuständig ist, braucht man in Dänemark eine dreijährige Berufsausbildung. So gesehen sind wir Mütter alle „Smørrebrødsjomfrus“.

1 ganze Schale Physalis zum Obst naschen

1 Handvoll Nüsse nach Wahl

Wasser

1 große Flasche stilles Wasser

Freitag

Vollkornbrötchen mit Mett

2 mit etwas Butter bestrichene Brötchenhälften mit Mett bestreichen und mit Zwiebelringen belegen, salzen und pfeffern. Fertig!

Orangenquark mit Schokoraspel

Quark mit Orangenstückchen vermengen, mit Ahornsirup verfeinern und mit Schokostreuseln bestreuen. Wenn du von Weihnachten keine Streusel mehr übrig hast, kannst du auch 2 Stück Schokolade raspeln oder einfach einen Löffel Kakao drüber streuen. *Löffel mitgeben!*

Ein altes Sprichwort sagt: „Quark macht stark"! Außerdem liefert Quark lange Energie und ist eine perfekte Proteinquelle! Und ist preiswert dazu!

Kleine bunte Fingerfood Möhren

klein, bunt, cool.

Johannisbeerschorle

1 große Flasche Wasser mit Saft mischen (3/4 Wasser, 1/4 Saft)

SNACK-PREP:

Am Montag gibt es einen Wrap mit in die Schule. Egal, was du fürs Wochenende einkaufst: Bohnen, Tomaten, Erbsen, Schinken, etc., „leg" etwas für den Wrap beiseite.

WOCHE 2

MONTAG

Wrap à la Mama • Maiswaffel mit Rübensirup • Erdnüsse • Vitamin-Wasser

DIENSTAG

Schinkenbrot mit Jalapeños • Kefir mit Passionsfrucht • Haferdrink • Wasser

MITTWOCH

Brot mit Guacamole • Schweineknacker • Bunte Paprikastreifen • Tee

DONNERSTAG

Auberginenpüree-Käse-Brot • Gekochtes Ei • Zucker-Zimt-Milchreis • Sirupwasser

FREITAG

Baguettescheiben • Reis und Thunfisch • Maracuja-Joghurt • Banane • Wasser

Montag

Wrap à la Mama

oder „was vom Wochenende übrig blieb"

Wrapfladen zum Beispiel mit Frischkäse bestreichen, mit Salat, Thunfisch, Ei, Schinken, Tomaten, Erbsen, weißen Bohnen, Kartoffeln, Braten, Salami oder Käse belegen und mit Würzsalz und Pfeffer verfeinern. Einrollen, fertig! In extra Folie verpacken. *Serviette mitgeben!*

Maiswaffeln mit Rübensirup

2 Maiswaffeln mit etwas Rübensirup bestreichen und zuklappen. In extra Folie verpacken.

1 Handvoll ganze Erdnüsse zum selber knacken

Orangen-Vitaminwasser

2 Orangenscheiben mit Schale (Bio) mit stillem Wasser aufgiessen, am Vorabend kaltstellen.

SNACK-PREP:

Zur Zeit gibt es immer noch erntefrischen Grünkohl. Mach doch Grünkohl mit Kartoffeln und Würstchen zum Abendbrot. Wenn etwas übrig bleibt, eignet sich das sehr gut für morgen in die Schule zum Mitgeben.

Dienstag

Brot mit Schinken und Jalapeños

2 mit Butter bestrichene Brotscheiben mit Salat, Schinken und ein paar Jalapenosscheiben belegen. Zuklappen, halbieren, fertig!

Jalapeños sind Peperoni. Nicht selten gehören sie auf einer Pizza zu einer beliebten Beilage. Für kleinere Kinder dürften sie vielleicht zu scharf sein. Dann sollte man sie mit Scheiben von kleinen Cornichons ersetzen.

... oder das Grünkohl-Abendessen von gestern in einer extra Box.

Honig-Kefir-Creme mit Passionsfrucht

Kefir mit Fruchtfleisch der Passionsfrucht und etwas Honig mit dem Stabmixer pürieren. In extra Trinkflasche geben, fertig!

Kleiner Haferdrink mit Schokogeschmack

Tetrapack in 0,25 L mit Strohhalm.

Wasser

1 große Flasche Wasser Medium

SNACK-PREP:

Wie wäre es heute Abend mit Guacamole? Dafür das Fleisch von zwei Avocados zu Mus zerdrücken, mit Zwiebel und Limettensaft, Olivenöl, Cumin, Salz und Pfeffer würzen. Es gibt Guacamolegewürz auch fertig zu kaufen! Und wenn etwas übrig bleiben sollte, haben wir gleich einen tollen Brotaufstrich für morgen in die Schule.

Mittwoch

Brot mit Guacamole

2 mit wenig Butter und der Guacamole bestrichene Brotscheiben mit einem Spritzer Zitrone beträufeln. Zuklappen, halbieren, fertig!

Guacamole kommt aus der mexikanischen Küche. Die Creme schmeckt auch sehr gut auf Tacos oder einfach mit Tortilla Chips.

1-2 Schweineknacker zum Reinbeißen

Bunte Paprikastreifen

in extra Folie verpackt.*Buntes ist einfach fröhlicher und wird von Kindern lieber gegessen.*

1 Isolierflasche warmer Zitronenmelisse-Tee

Am besten ist es natürlich, frische Zitronenmelisse aufzubrühen, es gibt sie aber auch im Teebeutel.

TIPP:

Zitronenmelisse war schon in der Antike bekannt als Heilpflanze für Menschen. Sie wurde gegen Verdauungsbeschwerden und Blähungen, vor allem aber als Nervenberuhigungsmittel verwendet.

Donnerstag

Brot mit Auberginenpüree

2 mit Auberginenpüree bestrichene Brotscheiben mit Salat, Tomaten- und Schnittkäsescheiben belegen. Zuklappen, halbieren, fertig!

Auberginenpüree ist ein wunderbarer Ersatz für sonstige Aufstriche wie Butter, Margarine oder Frischkäse. Es ist eine Mischung aus gebratenen Auberginen, Zwiebel, Sonnenblumenöl, Zitronensaft, Salz und Pfeffer. Man kann es selbst machen oder aber man greift zum fertigen Glas. Es gibt viele Varianten in der mediterranen und der arabischen Küche. Auf dem Balkan ist Auberginenpüree Teil vieler Nationalgerichte.

1 gekochtes Bio-Ei

Serviette mitgeben!

Milchreis mit Zucker und Zimt

Naturmilchreis mit etwas Zucker und Zimt bestreuen, fertig! Löffel mitgeben.

Wasser mit Kirschsirup

1 große Flasche Sprudelwasser mit einem Spritzer Kirschsirup.

Freitag

2 Baguettescheiben

Reis und Thunfisch

Reis von gestern Abend, Thunfisch aus der Dose, Zwiebel-, Tomaten-, Avocado- und Paprikawürfel mischen und mit Teryaki- oder Sojasoße würzen. Über alles Sesam streuen. In eine Box geben, fertig!.

Maracuja-Joghurt

Naturjoghurt mit gemahlenen Haselnüssen, dem Fruchtfleisch einer halben Maracuja und etwas Ahornsirup mixen, fertig. *Löffel mitgeben.*

1 Banane

Besonders nach einer Sportstunde liefert eine Banane wertvolle Energie.

Maracuja-Vitaminwasser

Ein Löffel Fruchtfleisch mit Wasser Medium aufgiessen.

SNACK-PREP:

Wie wäre es am Wochenende mal wieder mit einem selbstgemachten Schokoladen- oder Karamell-Pudding mit Vanillesoße. Dazu schmecken dünne Scheiben von Kumquats. Die kleinen Zwergorangen sind süßlich-herb und passen gut zu Desserts. Da sagt ein Kind selten nein. Und bitte ein Glas pro Kind für Montag beiseite stellen.

WOCHE 3

MONTAG

Brot mit Kochkäse • Pudding mit Kumquats • Nüsse zum Trinken • Wasser

DIENSTAG

Pesto Panini mit eingelegten Tomaten • Overnight Oats • Apfelringe • Schorle

MITTWOCH

Bauernbrot mit Butter und Salz • Greyerzer-Käse-Mix • Feigen • Kräutertee

DONNERSTAG

Frischkäsebrot mit Postelein • Polnische Knacker • Himbeermus • Schorle

FREITAG

Zwiebelbrötchen mit Butter • Möhrenspiralen • Apfelwürfel • Zitruswasser

Montag

Brot mit Kochkäse

2 mit etwas Butter und Kochkäse bestrichene Brotscheiben mit Salat, Gurkenscheiben und Zwiebelringen belegen. Wer mag, mit Kümmel würzen. Zuklappen, halbieren, fertig!

Karamell-Pudding mit Kumquats

Den Pudding vom Wochenende einfach aus dem Kühlschrank nehmen, fertig! *Löffel mitgeben!*

Lila Macadamia-Drink

Macadamia-Wasser mit Banane und gefrosteten Heidelbeeren mixen, mit Agavensirup süßen, fertig. In extra Trinkflasche füllen.

Milchähnliche Getränke sind neben Hafer- und Sojamilch auch Drinks wie Macadamia- oder Cashew-Wasser. Nüsse zum Trinken!!!! Wir empfehlen, das etwas grau aussehende Wasser mit Früchten farbig aufzupeppen.

Die Anschaffung eines Mixers lohnt sich. Das Experimentieren mit Obst und Gemüse macht Spaß. Außerdem sind dann wirklich die Zutaten im Getränk, Dessert, Joghurt, etc. „drin“, und nicht nur wie so oft bei Fertigprodukten nur die Aromen.

Wasser

1 große Flasche Wasser Medium

SNACK-PREP:

Morgen soll es leckere Overnight-Oats geben. Dazu Mehrkornflocken und Milch in einem Glas (pro Kind) verrühren, mit Joghurt, gefrosteten Erdbeeren, Nüssen auffüllen und verrühren.

Dienstag

Pesto Panini mit eingelegten Tomaten

2 mit Pesto bestrichene Brotscheiben mit Salat, in Öl eingelegten Tomaten und dünnen länglichen Zucchinischeiben *(am besten mit einem Sparschäler schälen)* belegen. Wer mag, kann noch Schafskäse darüber bröseln. Zuklappen, halbieren, fertig!

Eine Handvoll getrocknete Apfelringe

Apfelschorle

1 große Flasche Wasser mit Saft mischen (3/4 Wasser, 1/4 Saft)

Overnight Oats aus Mehrkornflocken mit Erdbeeren

Die Overnight Oats mit Honig beträufeln. *Fertig! Löffel mitgeben!*

Neben Bienenhonig gibt es noch viele andere Varianten zum Süßen, die besser sind als Zucker! Zum Beispiel Agavendicksaft Ahornsirup, Kokosblütensirup, Rübensirup oder Stevia. Diese extrem süss schmeckende Pflanze kommt aus Südamerika, wo sie auch Honigkraut genannt wird. Der Süßstoff enthält weder Kalorien noch Zucker, ist aber viel süßer als gewöhnlicher Haushaltszucker.

Mittwoch

Bauernbrot mit Butter und Salz

2 mit Butter bestrichene Brotscheiben mit Salz aus der Mühle würzen. Zuklappen, halbieren, fertig!

Mix aus Greyerzer-Käse

Käse- und Apfelwürfel, Walnüsse und Mandarinenstückchen mischen.

Le Gruyère AOP ist eine geschützte Bezeichnung, da der würzige Käse seit dem 12. Jahrhundert in der Nähe des Städtchens Gruyères in den Dorfkäsereien nach traditionellem Rezept aus Rohmilch produziert wird.

1 Handvoll getrocknete Feigen

1 Isolierflasche warmer Kräutertee

Handvoll gefrostete Mischbeeren mit stillem Wasser aufgießen, am Vorabend kaltstellen.

SNACK-PREP:

Morgen gibt es Himbeermus. Du kannst es schon heute vorbereiten. Dazu gefrostete Himbeeren mit etwas Agavensirup und geriebenen Mandeln zu einem Mus pürieren, fertig!

Donnerstag

Frischkäse-Brot mit Postelein

2 mit Butter und Frischkäse bestrichene Brotscheiben mit Postelein - alternativ Feldsalat - belegen, mit Salz und Pfeffer würzen. Zuklappen, halbieren, fertig!

Postelein, auch Winterportulak, ist für seinen hohen Gehalt an Vitamin C, Kalzium und Magnesium bekannt. Er schmeckt fein säuerlich und leicht nussig. Frisch als Salat oder gekocht wie Spinat ist er sehr lecker!

1-2 Polnische Schinkenknacker

Himbeermus

Glas vom Vorabend mitgeben. Fertig! Löffel mitgeben!

Gefrostete Himbeeren schmecken genauso gut wie frische! Neben Provitamin A und B-Vitaminen liefern 100 g Himbeeren mit 25 mg Vitamin C etwa ein Viertel unseres Tagesbedarfs. Auch Mineralstoffe und Spurenelemente wie Eisen und Kalium stecken reichlich in Himbeeren.

Schorle mit Direktsaft von schwarzer Johannisbeere

1 große Flasche Wasser mit Saft mischen (3/4 Wasser, 1/4 Saft)r

Freitag

Zwiebelbrötchen mit Butter

2 mit Butter bestrichene Zwiebelbrötchenhälften mit Salat, Tomaten- und Gurkenscheiben belegen, mit Salz und Pfeffer würzen. Zuklappen, halbieren, fertig!

Möhrenspiralen mit Sesam

Möhre in dünne Scheiben schneiden oder mit dem Spiralschneider in dünne Spaghetti drehen. Mit Öl, Salz, Pfeffer und Sojasoße würzen und mit Sesam bestreuen. Fertig!

„Sesam" kommt auch in der Geschichte von Ali Baba und den vierzig Räubern vor. Mit der Zauberformel „Sesam öffne dich" öffnet der Holzfäller das Felsentor zur Schatzkammer. Warum? Vielleicht weil sich in der Natur die Fruchtkapsel des Sesam auch erst öffnen muss, bevor man an den begehrten Samen kommt?

Apfelwürfel mit Haferkleie

Apfelwürfel mit Zitronensaft beträufeln, mit Haferkleie und Zimt bestreuen. In separater Box mitgeben.

Zitronen-Limetten-Orangen-Vitaminwasser

Scheiben der Zitrusfrüchte mit Wasser Medium aufgießen, am Vorabend kaltstellen.

MÄRZ

Kinder sind Nachahmer und beobachten uns Eltern ganz genau, mehr als wir uns das vielleicht vorstellen können. Leben wir es vor und ernähren uns in der Familie gesund, dann werden unsere Kinder das mit der Zeit übernehmen. Sie lernen unbewusst und bewusst einen guten Umgang mit Lebensmitteln und verlieren nicht so schnell ihre Geschmacksnerven mit versalzenem, fettigem und verzuckertem Fastfood.

Kinder verstehen „hmm und lecker" und können mit „nahrhaft und gesund" nur wenig anfangen. Beides miteinander zu verbinden ist Pausenbrot Reloaded!

Im März beginnt der langersehnte Frühling und die Natur erwacht. **Bärlauch, Kresse, junger Spinat und erster Freiland-Paprika** bereichern unsere Schulbrote. Grüne Smoothies und Soja-Shakes warten auf unsere phantasievollen Kreationen.

Genießt die ersten frischen Kräuter und das erste Grün!

WOCHE 1

MONTAG

Käsebrot mit Babyspinat • Gurkensticks • Buttermilchshake • Früchtetee

DIENSTAG

Senfbrot mit Braten • Möhren-Zwiebel-Mix • Kakao-Mandelmilch • Wasser

MITTWOCH

Butterbrötchen • Gelbe-Beete-Birnen-Fetasalat • Mandeln • Stilles Wasser

DONNERSTAG

Shrimps-Reiswrap mit Koriander • Zimtorangen • Lakritz • Orangentee

FREITAG

Bergkäsebrot • Koriander-Tomatenmix • Obstsmoothie • Vitaminwasser

Montag

Brot mit Käse und Babyspinat

2 mit etwas Butter und Tomatenmark bestrichene Brotscheiben mit Käse nach Wahl und Babyspinat belegen. Zuklappen, halbieren, fertig!

Die Blätter des Spinats sind im Frühjahr besonders zart und mit ihrem leicht süßlichen Aroma eine gelungene Geschmacksabrundung für Käsebrote.

Gurkensticks

In Sticks geschnittene Gurke in Folie packen.

Beeren-Buttermilch-Shake

Eine Handvoll gefrostete Him- und Heidelbeeren mit Buttermilch und Ahornsirup mixen. In einen Trinkbecher geben. Fertig!

Gefrostete Beeren sollte man für schnelle kleine Desserts immer im Tiefkühlfach vorrätig haben.

1 Isolierflasche warmer Früchtetee

Wer mag, mit etwas Honig gesüßt

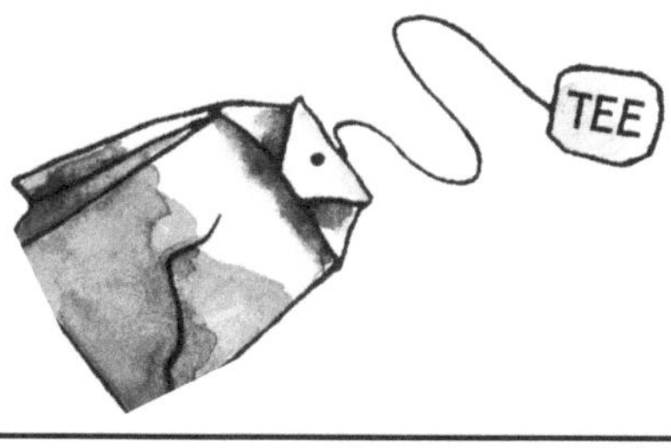

SNACK-PREP:

Morgen gibt es Kakao-Mandelmilch in der Schule. Die kannst du heute schon vorbereiten. Dazu einfach geschmolzene Vollmilchkouvertüre mit Mandelmilch verrühren und in einen Trinkbecher geben.

Dienstag

Senfbrot mit Schweinebraten

2 mit etwas Butter und Senf bestrichene Brotscheiben mit Schweinebraten, Salat, dünn geschnittenen Gurkenscheiben und Sprossen belegen. Zuklappen, halbieren, fertig!

Möhren-Frühlingszwiebel-Mix

1 gewürfelte Möhre und in Scheiben geschnittenes Grün der Frühlingszwiebel mit Sesamöl und Zitronensaft verrühren. Mit Salz und Pfeffer abschmecken. *Fertig! Löffel oder Gabel mitgeben!*

Kakao-Mandelmilch

Die vorbereitete Kakao-Mandelmilch von gestern Abend mitgeben. Fertig!

Kouvertüre hat einen höheren Fettgehalt als Schokolade und wird gerne zum Umhüllen von Pralinen und/oder Kuchen genutzt – wie ein Kuvert den Brief umhüllt. Vielleicht kommt daher der Name...

Wasser

1 große Flasche Wasser Medium!

SNACK-PREP:

Mach doch heute Abend einen Salat aus Obst und Gemüse, z.B. Gelbe Beete mit Birnen und Fetakäse. Und was übrig bleibt...

Mittwoch

Butterbrötchen

2 mit Butter bestrichene Brötchenhälften zuklappen. Fertig!

Gelbe Beete-Birnen-Fetasalat

Klein geschnittene gelbe Beete mit klein geschnittener Birne und Fetakäse mit Öl und Zitronensaft verrühren. Evtl. Minze oder Basilikum hinzufügen. Mit Salz und Pfeffer abschmecken. Fertig. *Löffel oder Gabel mitgeben!*

Das landläufig klassische Wintergemüse nimmt heute Abschied und macht den Platz für Frühlingsgemüse und Kräuter frei.

Eine Handvoll Mandeln

Wasser

1 große Flasche stilles Wasser

SNACK-PREP:

Mach doch heute Abend einmal Reispapierwraps zum Abendessen. Beim ersten Mal machen sie etwas Arbeit und es braucht Übung, den richtigen Dreh zu finden, um das eingeweichte Reispapier nicht zu „krumpeln“. Aber es lohnt sich, denn Reispapierblätter können auf unendlich viele Weise gefüllt werden: mit Fisch, Fleisch, Gemüse oder auch nur Obst. Bitte mache pro Kind zwei bis drei Reiswraps mehr für morgen in der Schule, z.B. Reispapier mit gekochten Shrimps, in Streifen geschnittenen Gurken und Möhren belegen, gehackten Koriander zufügen und mit etwas Sesamöl beträufeln. Einrollen. Fertig!

Donnerstag

Reiswraps mit Shrimps

2 - 3 Reiswraps von gestern Abend mitgeben. Fertig!

Zimtorangen

Orangen vierteln mit Zimt bestreuen. In Folie packen. Fertig!

1 - 2 Lakritzschnecken

Entweder man liebt das „Schwarze Gold" oder hasst den „Bärendreck", der aus dem Saft der Süssholzwurzel gewonnen wird und früher vielfach medizinisch eingesetzt wurde. Auch heute noch ist Lakritz Bestandteil in vielen Hustensäften, meist ist es aber eine Süssigkeit, enthält Zucker, ist aber fettfrei und eignet sich zum Naschen.

Eine Handvoll Mandeln

1 Isolierflasche warmer Orangentee

Am besten ist es natürlich den Saft einer Orange mit heißem Wasser aufzugiessen und mit Honig zu verrühren.

Freitag

Brot mit Bergkäse und Brunnenkresse

2 mit Butter bestrichene Brotscheiben mit Salat und Bergkäse belegen und mit Kresse bestreuen. Zuklappen, halbieren, fertig!

Im zeitigen Frühjahr – also jetzt – ist Brunnenkresse mit ihren rundlichen Blättern ein wunderbarer Vitamin C Spender.

Mango-Bananen-Smoothie

in 3 verschiedene Möglichkeiten

Klein gewürfelte Mango und Banane mit Apfelsaft oder klein gewürfelte Mango mit Bananensaft oder klein gewürfelte Banane mit Mangosaft mixen. Fertig!

Wie die siehst, kann man Smoothies auf vielfältige Art und Weise mixen.

Koriander-Tomatenmix

Klein geschnittene Tomaten und Koriander mit Sesamöl und Sojasauce verrühren, mit Pfeffer würzen. Fertig! Löffel mitgeben!

Orange-Zitrone-Vitaminwasser

Orangen- und Zitronenscheiben mit stillem Wasser aufgiessen, am Vorabend kaltstellen.

SNACK-PREP:

Mach doch am Wochenende einmal Mangold, z.B. Mangold-Fetataschen. Und pro Kind eine mehr, da dieser Snack auch kalt am Montag in der Schule schmeckt.

WOCHE 2

MONTAG

Mangold-Fetataschen • Bananenkefir • Trockenfrüchte • Wasser Medium

DIENSTAG

Wildkräuterbrot mit Ziegenfrischkäse • Mangoquark • Nüsse • Kirsch-Bananen-Tee

MITTWOCH

Frikadellen-Bagel • Pikanter Gurkenjoghurt • Banane • Vitaminwasser

DONNERSTAG

Hähnchenbrustschinkenbrot • Avocado-Tomaten-Minz-Mix • Leinsamen-Honig-Joghurt • Wasserr

FREITAG

Dreieck-Brot mit Radieschenbutter • Kresse-Ei • Ampelsmoothie • Kräutertee

Montag

Mangold-Fetatasche

Mangold-Fetatasche vom Wochenende mitgeben. Fertig!

Alternative: Brot mit Salatblatt, Tomatenscheiben und Käse.

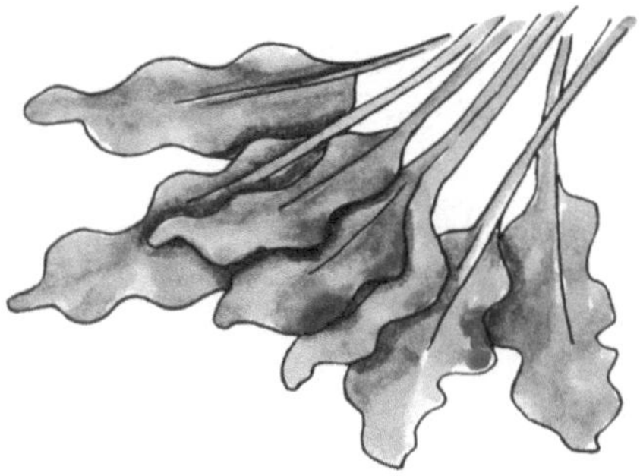

Mangold ist wieder im Kommen! Die Mangoldstiele sind vom Geschmack her mild, und die Blätter des jahrelang „vergessenen" Gemüses schmecken ähnlich wie Spinat, sind aber würziger und herber. Die Fetataschen sind ein guter Einstieg, das Gemüse bei Kindern bekannt und beliebt zu machen.

Bananenkefir

Kleingeschnittene Banane mit Kefir und Ahornsirup mixen. In einem Trinkbecher mitgeben. Fertig!

Eine Handvoll Trockenfrüchte nach Wahl

Wasser

1 große Flasche Wasser Medium

Dienstag

Wildkräuter-Kürbiskern-Brot mit Ziegenfrischkäse

2 mit Butter und Ziegenfrischkäse bestrichene Brotscheiben mit Wildkräutern belegen. Zuklappen, halbieren, fertig!

Mangoquark

Mangostückchen mit cremig gerührtem Quark und Ahornsirup mixen. Fertig! *Löffel mitgeben!*

Für die Buddhisten hat die Mango neben ihrem guten Geschmack auch eine religiöse Bedeutung. Buddha höchstpersönlich soll am liebsten im Schatten eines Mangobaumes meditiert haben. Dieser gilt als Symbol für Kraft und Stärke.

Eine Handvoll Nüsse nach Wahl.

1 Isolierflasche warmer Kirsch-Bananen-Tee

Am besten ist natürlich eine lose Früchtemischung aus einem Teeladen-Fachgeschäft.

SNACK-PREP:

Mach doch heute Abend wieder einmal Frikadellen. Eine pro Kind brauchen wir für das Pausenbrot morgen früh.

Mittwoch

Frikadellen-Bagel

2 mit etwas Ketchup und Senf bestrichene Bagelhälften mit Salat, der in Scheiben geschnittenen Frikadelle, dünnen Gurken- und Tomatenscheiben belegen. Zuklappen, halbieren, fertig!

Das für uns typische amerikanische „Brötchen“ ist nicht amerikanischen Ursprungs. Es wurde 1610 das erste Mal in Krakau in jüdischen Quellen erwähnt und kam erst ca. 250 Jahre später mit den osteuropäischen Juden nach Nordamerika.

1 Banane

Gurken-Basilikum-Vitaminwasser

Halbe Handvoll Gurkenscheiben und einige Basilikumblätter mit stillem Wasser aufgiessen, am besten am Vorabend kaltstellen.

Pikanter Gurkenjoghurt

Klein geschnittene grüne Gurke mit Joghurt, Milch, Zitronensaft verrühren. Mit Salz und Pfeffer abschmecken und Dill bestreuen. Fertig. Löffel oder Gabel mitgeben!

Die Gurke stammt mit hoher Wahrscheinlichkeit aus Afrika oder Indien, bevor sie bei uns im Mittelmeerraum ihre Heimat fand. Die alten Griechen nannten sie angoúri. Dies bedeutet „grün“ oder „unreif“.

Donnerstag

Brot mit Hähnchenbrustschinken

2 mit etwas Butter bestrichene Brotscheiben mit Salat, Hähnchenbrustschinken und dünnen Gurkenscheiben belegen. Zuklappen, halbieren, fertig!

Avocado-Tomaten-Käse-Minzmix

Klein geschnittene Avocado- und Tomatenstücke mit Käsewürfeln, Zitronensaft und etwas Öl vermischen. Mit Salz und Pfeffer abschmecken und mit Minze bestreuen. Fertig! *Löffel oder Gabel mitgeben!*

Tomaten sollte man an einem schattigen Ort aufbewahren und nicht im Kühlschrank. Dort verlieren sie ihr Aroma.

Leinsamen-Honig-Joghurt mit Himbeermarmelade

Joghurt mit Honig, einem Löffel Marmelade und Leinsamen verrühren. Fertig! *Löffel mitgeben!*

Wasser

1 große Flasche Wasser mit Sprudel

Freitag

Möhre-Dinkel-Dreieck-Brot mit Radieschenbutter

2 Brotscheiben mit einem Mix aus verrührten kleingeraspelten Radieschen, Schnittlauchröllchen und Butter bestreichen. Zuklappen, halbieren, fertig!

Die Butter lässt sich wunderbar am Vorabend zubereiten und ist mehrere Tage im Kühlschrank haltbar.

Kresse-Ei

Hartgekochtes Ei klein schneiden, mit Kresse in ein Glas geben und mit Salz, Pfeffer und etwas Öl abschmecken. Fertig! *Löffel mitgeben!*

Ampelsmoothie

Klein gewürfelte grüne Kiwi, gelbe Banane und roten Apfelsaft mixen. In einen Trinkbecher geben. Fertig!

1 Isolierflasche warmer Kräutertee nach Wahl

Am besten ist natürlich eine lose Kräutermischung aus einem Teeladen.

SNACK-PREP:

Steht am Wochenende ein Geburtstag oder eine Party an? Mach doch eine Käsemousse fürs Buffet! Die hält sich im Kühlschrank und kann am Montag Teil des Food-Packages werden.

WOCHE 3

MONTAG

Malzbrot mit Käsemousse • Gurkenspaghetti • Ananas-Kokos-Quark • Wasser

DIENSTAG

Brot mit Mailänder Salami • Gemüsestifte • Bärlauchdip • Vitaminwasser

MITTWOCH

Mohnhörnchen mit Farmerschinken • Gemüsechips • Grapefruit-Smoothie • Brombeertee

DONNERSTAG

Bananen-Erdnussbutter-Brot • Goudasticks mit Brühgurke • Pistazien • Sprudelwasser

FREITAG

Brot mit Sild • Mangopüree mit Mandelsplittern • Bitterschokolade • Erdbeersirup-Wasser

Montag

Malzbrot mit Käsemousse

2 mit Käsemousse bestrichene Brotscheiben mit Salatblättern belegen. Zuklappen, halbieren, fertig!

Eine gern verwendete Zutat für Käsemousse ist neben Käse Qimiq, ein natürliches Sahne-Produkt. Es besteht zu 99 % aus Sahne und zu 1 % aus Rindergelatine und gilt unter Köchen als ein Garant für das Gelingen von kalten Gerichten, die eine feste Konsistenz brauchen, wie z.B. stichfeste Füllungen oder eben Mousse.

Gurkenspaghetti

Längs geschälte Gurkenstreifen oder mit Spiralschneider geschnittene Gurkenspaghetti mit Joghurt und etwas Zitronensaft verrühren. Mit Salz und Pfeffer abschmecken. Fertig! *Löffel oder Gabel mitgeben!*

Ananas-Kokos-Quark

Mit etwas Wasser cremig gerührter Quark mit Agavensirup und Ananasstückchen mischen und mit Kokosflocken bestreuen. Fertig! *Löffel oder Gabel mitgeben!*

Wasser

1 große Flasche Wasser Medium

Dienstag

Brot mit Mailänder Salami und Frühlingskräutern

2 mit Butter bestrichene Brothälften mit der Salami und Frühlingskräutern nach Wahl belegen. Zuklappen, halbieren, fertig!

Im Frühling finden wir in Wald und Wiese schon viele essbare Kräuter: Vogelmiere, Gundermann, Löwenzahn, Bärlauch, um nur einige zu nennen.

Gemüsestifte

Möhre, Gurke, Paprika in Stifte schneiden. Fertig!

Bärlauchdip

Etwas feingehackten Bärlauch mit Quark, Joghurt und etwas Olivenöl glattrühren. Mit Salz und Pfeffer abschmecken. Fertig!

Wem der Bärlauch zu „knoblauchig" schmeckt, kann auch andere Frühlingskräuter verwenden. Der Dip lässt sich übrigens gut am Vorabend zubereiten.

Gurken-Zitronen-Vitaminwasser

Einige Gurken- und Zitronenscheiben ohne Rand mit stillem Wasser aufgießen, am Vorabend kaltstellen.

SNACK-PREP:

Mach doch heute Abend mal Möhren- und Selleriechips aus einer Portion Suppengrün. Das Porree des Suppengrüns kannst du z. B. blanchieren und mit Frischkäse zu einem weiteren Dip verrühren und zu den Chips reichen.

Mittwoch

Mohnhörnchen mit Farmerschinken

Die mit Butter bestrichenen Mohnhörnchenhälften mit Farmerschinken und Salatblättern belegen und mit Kresse oder Sprossen bestreuen. Zuklappen, halbieren, fertig!

Möhren- und Selleriechips

Eine Handvoll Chips vom Vorabend mitgeben. Alternativ eine Brühgurke. Fertig!

Apfel-Grapefruit-Smoothie

Grapefruitstückchen mit Apfelsaft und evtl. Ahornsirup mixen. In einen Trinkbecher geben. Fertig!

1 Isolierflasche warmer Brombeertee

Am besten ist natürlich ein loser Tee oder eben Teebeutel.

TIPP:

Die Gerbstoffe, die im Brombeertee enthalten sind, helfen gegen Zahnfleischentzündungen, leichten Durchfall und vor allem gegen Magenschmerzen, die man in der Schule schon manchmal bekommen kann. Der Tee hat eine fein säuerliche Note und kann täglich getrunken werden.

Donnerstag

Bananen-Erdnussbutter-Brot

2 mit etwas Erdnussbutter bestrichene Brotscheiben mit Bananenscheiben belegen. Zuklappen, halbieren, fertig!

Goudasticks mit Brühgurke

Gouda in fingerdicke Streifen schneiden. Brühgurke halbieren. Getrennt in Folie verpacken. Fertig!

Je nachdem, wie lange der Goudakäse gereift ist bevor er in die Läden oder auf den Markt kommt, unterscheiden wir zwischen jungem, mittelaltem, altem und - wenn der Gouda über ein Jahr gelagert wurde- überreifem Gouda. Grundsätzlich gilt, je länger der Käse reift, desto würziger ist er.

Seinen Namen verdankt die beliebte Käsesorte übrigens der gleichnamigen Stadt in den Niederlanden.

Pistazien

Eine Handvoll Pistazien zum selbst Aufknacken. Fertig!

Pistazien sind nicht nur reich an Ballaststoffen. Sie enthalten auch große Mengen an wertvollen, mehrfach ungesättigten Fettsäuren.

Wasser

1 große Flasche Wasser mit Sprudel

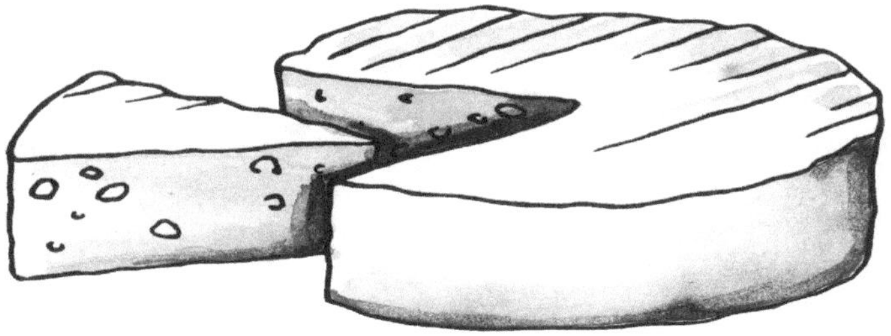

Freitag

Brot mit Sild

2 mit Butter und Senf bestrichene Brotscheiben mit dem gut abgetropftem Sild, dünnen Zwiebel- und Gurkenscheiben belegen. Zuklappen, halbieren, fertig!

Sild ist die skandinavische Bezeichnung für eingelegten jungen Hering.

Mangopüree mit Mandelsplittern

Klein geschnittene Mango mit ganz wenig Orangensaft pürieren, mit Mandelsplittern bestreuen. Fertig! *Löffel mitgeben!*

Bitterschokolade

Einen Streifen Schokolade mitgeben. Fertig!

Bitterschokolade wird mit wenig oder gar keiner Milch hergestellt und ist daher fast oder ganz laktosefrei.

Sirupwasser

1 große Flasche Sprudelwasser mit z.B. Erdbeersirup mischen

SNACK-PREP:

Mach doch am Wochenende einmal ein Tomatentabouleh. Basisrezept: Gekochten Couscous mit Tomaten- und Zwiebelstückchen mixen. Mit Öl und Essig, Salz und Pfeffer abschmecken. Wer hat, Minze- oder Basilikumblättchen unterrühren. Und natürlich etwas für den Montag beiseite stellen....

WOCHE 4

MONTAG

Brot mit Butterkäse • Tomatentabouleh • Südfrüchtemix • Kirschschorle

DIENSTAG

Brot mit Veggie-Aufstrich • Honigquark mit Nüssen • Apfel-Duo • Tee

MITTWOCH

Quesadilla • Avocado-Dip • Kiwi-Chia-Mandelpudding • Wasser Medium

DONNERSTAG

Mettbrot mit Zwiebel • Gemüsespieß • Pomelostücke • Vitaminwasser

FREITAG

Stremellachsbrot mit Frühlingskräutern • Papayalassi • Korinthen • Wasser

Montag

Brot mit Butterkäse

2 mit etwas Butter und Senf bestrichene Brotscheiben mit Butterkäse und Salat belegen. Zuklappen, halbieren, fertig!

Tomatentabouleh

Tomatentabouleh vom Wochenende. Löffel oder Gabel mitgeben!

Tabouleh kann man mit den verschiedensten Gemüsesorten mixen. Auch lecker mit gebratener Aubergine, Zucchini, Möhre, Okraschoten, und, und, und....

Südfrüchtemix

Gewürfelte Ananas, Kiwi, Mango und Orangen in ein Glas geben. Fertig! Löffel oder Gabel mitgeben!

Kirschschorle

1 große Flasche Wasser mit Saft mischen (3/4 Wasser, 1/4 Saft)

Dienstag

Brot mit Veggie-Aufstrich

2 mit Veggie-Aufstrich nach Wahl bestrichene Brothälften mit Rucola belegen. Zuklappen, halbieren, fertig!

Rucola oder auch Rauke war lange Zeit in Vergessenheit geraten und tritt zu Recht wieder einen Triumphzug an. Die aromatischen Blätter schmecken nach Walnüssen und Kresse und haben einen hohen Jodgehalt. Gut für Kinder und Erwachsene mit Schilddrüsenunterfunktion!

Honigquark mit Nüssen

Mit Sprudelwasser und flüssigem Honig cremig gerührten Quark mit Nüssen verrühren. Fertig! *Löffel oder Gabel mitgeben!*

Apfelspalten-Duo

Von zwei verschiedene Sorten Äpfeln einige Spalten schneiden. In Folie verpacken. Fertig! *Kein Apfel schmeckt wie der Andere!*

1 Isolierflasche warmer Früchtetee

SNACK-PREP:

Wie wäre es heute Abend mit Quesadillas? Dazu eine Weizentortilla mit geriebenem Käse bestreuen und Paprikastreifen belegen. Mit einer weiteren Tortilla abdecken und im Grill von jeder Seite oder in der Pfanne von jeder Seite 3 - 4 Minuten grillen oder braten. In Viertel schneiden. Dazu gibt es z. B. Hühnchen, grünen Salat oder einen Avocadodip. Hebe eine Quesadilla pro Kind für den nächsten Tag auf.

Mittwoch

Quesadilla

Quesadilla vom Vorabend in Folie einpacken. Fertig!

Quesadilla ist typisch mexikanisch und wird traditionell mit Käse (spanisch: Queso) gefüllt. Besonders gut schmeckt die Quesadilla, wenn man sie vorher in den Dip getaucht hat.

Avocadodip

Kleingeschnittenes Avocadofruchtfleisch mit Zitrone beträufeln und mit Joghurt pürieren. Mit Salz und Pfeffer abschmecken. Fertig! *Löffel mitgeben!*

Kiwi-Chia-Pudding

Kiwistückchen und eingeweichte Chiasamen mit der Mandelmilch und etwas Agavensirup verrühren. Fertig! *Löffel mitgeben!*

Ein frisches Dessert für die große Pause am Mittag. Bis dahin ist der Chiasamen auch gut gequollen. Chiasamen speichern Flüssigkeit. Wenn euer Kind also nicht viel trinkt, sind die Chiasamen ein guter Helfer den Wasserhaushalt im Körper aufrecht zu erhalten.

Wasser

1 große Flasche Wasser Medium

Donnerstag

Mettbrot mit Zwiebel

2 mit Senf und Mett bestrichene Brotscheiben mit Zwiebel- und sauren Gurkenscheibchen belegen. Zuklappen, halbieren, fertig!

Immer beliebter wird auch vegetarisches Mett, das aus Wasser, zerbröselten Reiswaffeln, Zwiebelstückchen und Tomatenmark hergestellt wird. Dieses mit Paprikapulver bestreuen. Das schmeckt gut dazu.

Gemüsespieß

Abwechselnd Kirschtomaten und Gurkenstücke auf einen Spieß stecken. In Folie verpacken. Fertig!

Pomelostücke

Pomelostücke in Folie packen. Fertig!

Die Pomelo ist eine Kreuzung zwischen Grapefruit und Pampelmuse und enthält viel Vitamin C, Kalium und Magnesium. Die reife Pomelo schmeckt süß. Du erkennst die reife Frucht an ihrer leicht verkrumpelten Schale.

Pomelo-Orangen-Vitaminwasser

Je eine halbe Handvoll Pomelo- und Orangenstücke mit stillem Wasser aufgiessen, am Vorabend kaltstellen.

Freitag

Brot mit Stremellachs und Frühlingskräutern

2 mit Butter bestrichene Brotscheiben mit Stremellachsstückchen belegen, mit etwas Honigsenf bestreichen und Salat und Frühlingskräutern belegen. Zuklappen, halbieren, fertig!

Stremellachs wird im Gegensatz zum herkömmlichen Lachs heiß geräuchert und wird nicht in Scheiben sondern „am Stück" verkauft.

Papayalassi

Klein geschnittene Papaya mit Buttermilch, Joghurt und Ahornsirup mixen. Fertig! *Löffel mitgeben!*

Eine Handvoll Korinthen

Korinthen sind die kleinste Rosinenart und verdanken ihren Namen der griechischen Stadt Korinth. Sie werden aus besonders kleinen schwarzen und dunkelvioletten Trauben hergestellt.

Wasser

1 große Flasche Wasser Medium

APRIL

Über die Osterferien haben wir alle Kraft getankt und es geht in der Schule in die „letzte“ Runde vor den Sommerferien. Die Natur ist mittlerweile überall erwacht und uns stehen eine Menge „neue“ Gemüse und viele Kräuter zur Verfügung, die unsere Pausenbrotideen bereichern können.

Salatgurken und Kopfsalat, Schnittlauch, Minze, Mangold, Rhabarber und Spargel, Spitzkohl und vieles mehr... **Selbstgemachte Kräuterbutter oder Kräuterquark** geben jedem Pausenbrot Frische und Würze. Beim Obst müssen wir noch auf Exoten, wie **Maracuja, Mango, Banane oder Papayas**, setzen. Schorlen, Tee und Shakes sind wie immer dabei.

Viel Freude beim Ausprobieren!

WOCHE 1

MONTAG

Laugenzopf • Würziger Wurst-Käse-Mix • Soja-Vanilletrunk • Stilles Wasser

DIENSTAG

Brot mit Fasole Batuta • Bunter Obst-Mix • Möhrensaft • Vitaminwasser

MITTWOCH

Aprikosenmarmelade-Schinkenbrot • Quarkmousse • Amaranth-Waffel • Pfefferminztee

DONNERSTAG

Pitabrot mit Pimientos • Schinkenröllchen • Apfel-Möhren-Rohkost • Schorle

FREITAG

Tallegiobrot • Rote Beeren-Milchreis • Haselnuss-Drink • Vitaminwasser

Montag

Laugenzopf mit Körnern

2 mit Butter und Hüttenkäse bestrichene Laugenzopfhälften mit in dünne Scheiben geschnittenen Lauchringen belegen, mit Salz und Pfeffer würzen. Zuklappen, halbieren, fertig!

Kleiner Wurst-Käse-Mix

Leberkäse, Zwiebel- und Käsewürfel, saure und grüne Gurkenstücken mit Senf, Öl und Essig mixen und mit scharfem Paprika, Salz und Pfeffer abschmecken, fertig. *Löffel mitgeben!*

Sojamilch-Vanilletrunk

Tetrapack in 0,25 L mit Strohhalm

Wasser

1 große Flasche stilles Wasser

TIPP:

Für das Vitaminwasser für morgen geben wir Bio-Apfelstückchen mit Schale und eine halbe Stange Zimt in eine Trinkflasche und füllen diese mit Sprudelwasser Medium auf. Über Nacht im Kühlschrank nimmt das Wasser das wunderbare Apfel-Zimt-Aroma auf.

Dienstag

Brot mit Fasole Batuta und Peperoni

2 mit dem Bohnenpüree Fasole Batuta bestrichene Brotscheiben mit Salat und mit Peperoni belegen. Zuklappen, halbieren, fertig!

Wer keine Peperoni mag, kann das Brot auch mit Gurken oder Tomatenscheiben belegen.

Das leckere Bohnenpüree „Fasole Batuta" bedeutet übersetzt „geschlagene Bohnen" und stammt aus Rumänien. In internationalen Lebensmittelgeschäften oder auch Supermärkten findet man diesen traditionellen Brotaufstrich.

Bunter Obstmix mit gemischten Nüssen

aus Apfel, Kiwi und Banane. Alles in kleine Stückchen schneiden und mit einer Handvoll gemischten Nüssen auffüllen, fertig. *Löffel mitgeben.*

Der schwarze Winterrettich ist etwas würziger und schärfer als andere Rettichsorten. Er ist auch ein Hausmittel gegen Erkältungen im Winter: oben einen kleinen Keil einschneiden, Zucker einfüllen. Der entstehende Sirup hat antioxidative Wirkung, ist schleimlösend und gut gegen Husten.

1 kleine Flasche Möhrensaft

Wenn du einen Entsafter hast, ist selbst gemacht natürlich am besten. Aber es gibt auch guten Möhrensaft, zum Beispiel mit Honig, zu kaufen.

Apfel-Zimt-Vitaminwasser

Einfach aus dem Kühlschrank nehmen.

Mittwoch

Brot mit Geflügelschinken und Aprikosenmarmelade

2 mit Butter und Marmelade bestrichene Brotscheiben mit Geflügelschinken belegen. Zuklappen, halbieren, fertig!

Quarkmousse mit Apfelstückchen und Dattelsirup

lQuark mit sprudligem Mineralwasser cremig rühren, Apfelstückchen unterheben und mit Dattelsirup süßen, fertig. *Löffel mitgeben!*

1-2 Amaranth-Mais-Waffeln

Zum Knabbern.

1 Isolierflasche warmer Pfefferminztee

SNACK-PREP:

Bereite doch heute Abend einmal gebratene Pimientos de Padrón zu, ein beliebtes und einfaches Tapas-Gericht. Die kleinen Paprikaschoten werden in Olivenöl gebraten und dann mit etwas Salz bestreut. Die Samen der Schoten sollen Franziskanermönche im 16. Jahrhundert aus Mexiko mitgebracht und im galicischem Ort Padrón kultiviert haben. Daher der Name. Und wie üblich, mach ein paar mehr für das morgige Schulbrot...

Donnerstag

Pitabrot mit Frischkäse und Pimientos

2 mit Frischkäse bestrichene Brothälften mit den Pimientos belegen, mit Parmesan bestreuen. Zuklappen, halbieren, fertig!

„Os pementos de Padrón, uns pican e outros non" lautet ein galicisches Sprichwort: „Paprika aus Padrón: Einige scharf, andere nicht." Der Schärfegrad ist von Schote zu Schote unterschiedlich, das ist das Besondere. Leider bekommt man selten die originalen Pimientos de Padrón zu kaufen, sondern meist einfache Bratpaprika aus Spanien.

Schinkenröllchen am Spiess

3 Scheiben gekochten Schinken einzeln rollen, jeweils einmal zusammenklappen und auf einen Holzspiess stecken, in Folie verpacken. *Serviette mitgeben!*

Apfel-Möhren-Rohkost

Apfel und Möhre raspeln, mit einem Löffel Honig abschmecken, fertig. *Löffel mitgeben!*

Apfelschorle

1 große Flasche Wasser mit Saft mischen (3/4 Wasser, 1/4 Saft)

Freitag

Brot mit Tallegiokäse

2 mit Butter bestrichene Brotscheiben mit Salat und dem Käse belegen. Zuklappen, halbieren, fertig!

Haselnuss-Drink mit Banane

Haselnusswasser mit Banane und geriebenen Haselnüssen mixen, mit Rapshonig süßen. In eine extra Trinkflasche füllen, fertig!

Rote Beeren-Milchreis

Naturmilchreis mit einer Handvoll (gefrosteter) roter Beeren, Mandelsplitter, Korinthen und etwas Ahornsirup vermengen. Fertig! *Löffel mitgeben!*

Rote-Beeren-Vitaminwasser

Rote Beeren mit Wasser Medium aufgiessen, am Vorabend kaltstellen..

SNACK-PREP:

Wie wäre es dieses Wochenende mit einem Braten mit Rotkraut? Dazu gehören selbst geformte Klöße. Mach diese doch mit deinen Kindern! Dann gibt es auch verschiedene Größen. Kleine Hände kleine Klöße, große Hände große Klöße. Und pro Kind einen für den Montag übrig lassen...

WOCHE 2

MONTAG

Kloß mit Soße • Buntes Fingerfood Minigemüse • Tropical Mus • Schorle

DIENSTAG

Spanisches Baguette • Kürbiskern-Kohlrabi • Kefirshake mit Horngurke • Wasser

MITTWOCH

Rundes Brot mit Rindersalami • Apfel-Paprika-Mix • Banane • Heidelbeer-Schorle

DONNERSTAG

Jausenbrot 3 in 1 • Zuckerschoten • Honigquark mit Kirschen • Kamillentee

FREITAG

Sauermilchkäse-Brot • Gemüsesticks • Müsli mit Saft und Quark • Wasser

Montag

Kloß mit Soße

Kloß mit Soße und Rotkraut (was von gestern übrig blieb), schmeckt auch kalt! Alles mundgerecht klein geschnitten und in separater Box verpackt. *Löffel mitgeben.*

Alternativ: Butterbrot mit grünem Kopfsalat, einer Bratenscheibe und Gurkenscheiben.

Tropical Must

Banane mit Mangostückchen mit dem Stabmixer pürieren. Rosinen dazu geben. Fertig! *Löffel mitgeben.*

Tropical-Mischungen gibt es auch gefrostet zu kaufen.

Buntes Fingerfood

Kleine Tomaten oder Minigurken als Fingerfood

Johannisbeerschorle

1 große Flasche Wasser mit Saft mischen (3/4 Wasser, 1/4 Saft)

Dienstag

Spanisches Baguette mit Aioli und Manchego

2 mit Aioli bestrichene Brotscheiben mit Salat und dem Käse belegen. Streifen von gelben Paprika darüber legen. Zuklappen, halbieren, fertig!

Aioli ist eine Creme aus Knoblauch und Öl und kann eine schmackhafte Alternative zur Butter auf`s Brot sein.

Kohlrabi mit Kürbiskernen

Kleinen Kohlrabi würfeln, mit einem Spritzer Zitronensaft, etwas Kürbiskernöl, Pfeffer und Salz würzen, Kürbiskerne darüber streuen und vermischen. Fertig. *Löffel mitgeben!*

Kefirshake mit Horngurke

Kefir, Fruchtfleisch der Horngurke und flüssigen Honig mit dem Stabmixer kurz mixen. In einen Trinkbecher geben, fertig!

Der Geschmack der Kiwano, auch Horngurke genannt, ist eine Mischung aus Bananen, Zitronen und Passionsfrucht. Die Tropenfrucht kommt ganzjährig aus Afrika, Neuseeland oder Portugal. Das grüne geleeartige Fruchtfleisch kann man, so wie eine Kiwi auch, einfach auslöffeln.

Wasser

1 große Flasche stilles Wasser

Mittwoch

Rundes Brot mit Rindersalami

2 mit Butter bestrichene runde Brotscheiben mit Salat, den Salamischeiben und hauchdünn geschnittenen Kohlrabischeiben belegen. Zuklappen, halbieren, fertig.

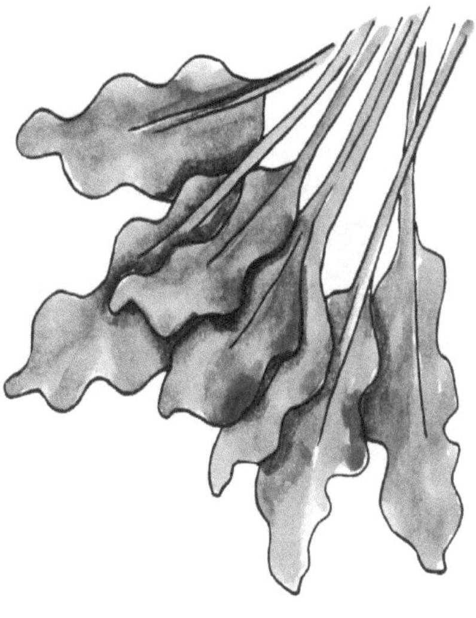

Apfel-Paprika-Mix

Apfel und rote Paprika in Würfel schneiden, Lauchzwiebelringe dazu geben. Mit Öl und Zitronensaft mischen und mit Pfeffer und Salz würzen. Wer mag, kann den Mix noch mit einem Klacks Mayonnaise oder Joghurt verfeinern oder mit ein paar Sonnenblumenkernen bestreuen. Fertig!

1 Banane

Eine Banane deckt 20% des täglichen Bedarfs an Vitamin B6. Wichtig für starke Nerven bei Stress!

Schorle mit Direktsaft von Heidelbeeren

1 große Flasche Wasser mit Saft mischen (3/4 Wasser, 1/4 Saft)

Donnerstag

Jausenbrot 3 in 1

2 mit etwas Butter bestrichene Brotscheiben mit Salatblättern und dreierlei Sorten Wurst bzw. Käse nebeneinander belegen. Zum Beispiel Rotwurst, Schinkenspeck und würzigen Emmentaler. Die Schnitten zusammenklappen und in 3 Teile schneiden, fertig!

Zuckerschoten

Frischer Snack zum roh Knabbern

Zuckerschoten werden auch Kaiserschoten oder Zuckererbsen genannt. Da sie sehr früh geerntet werden, bevor die Erbsen vollständig ausgewachsen sind, sind sie in der Form noch „platt" und die Schale zum roh verzehren noch sehr schön weich.

Honigquark mit Kirschen und Mandeln

Mit Wasser und flüssigem Honig cremig gerührten Quark mit Kirschen mischen, mit gehobelten Mandeln bestreuen. Fertig!

Du kannst auch gefrostete Kirschen nehmen oder auch Kirschen im Glas. Allerdings sind die gefrosteten aromatischer und gesünder, da die Vitamine nicht verkocht wurden.

1 Isolierflasche warmer Kamillentee

Am besten getrockneten losen Tee aufbrühen.

Freitag

Sauermilchkäse-Brot mit Schmalz

2 mit Butter und etwas Schmalz bestrichene Brotscheiben mit Salat und den Käsescheiben belegen, wer mag mit Zwiebelringen toppen. Zuklappen, halbieren, fertig.

Schmalz ist reines tierisches Fett und damit nicht sehr gesund. Aber zu diesem Käse passt es hervorragend und dann darf das auch mal sein.

Gemüsesticks

Möhre und saure Gurken in Streifen schneiden, in Folie verpacken. Fertig.

Müsli mit Saft und Quark

Haferflocken, Nüsse mit Orangensaft und Quark verrühren. Wer mag, mit Obst, zum Beispiel Blaubeeren oder Bananenstückchen, verfeinern. Fertig! *Löffel mitgeben!*

Wasser

1 große Flasche Wasser Medium mit einem Spritzer Limettensaft

SNACK-PREP:

Die Rhabarberernte hat begonnen. Koch doch am Wochenende einmal ein Rhabarberkompott mit Zitronenschale und Vanillezucker. Wenn etwas übrig bleibt, hast du gleich etwas für die Schule am Montag.

WOCHE 3

MONTAG

Kümmel-Käse-Brot • Rhabarber-Bananenjoghurt • Mandelmilch • Wasser

DIENSTAG

Brot mit Senf und Ei • Käserollen mit Sprossen • Bunte Radieschen • Fencheltee

MITTWOCH

Roggenbrötchen mit Rotwurst • Gemüsesaft • Sonnenblumenkerne • Wasser

DONNERSTAG

Käsebrot mit Trauben • Kräuterquark • Zitronenkefir • Kirschschorle

FREITAG

Rote Linsen-Curry-Wrap • Shake mit Karamellsirup • Banane • Vitaminwasser

Montag

Kümmel-Käse-Brot

2 mit etwas Butter bestrichene Brotscheiben mit Salat und Käsescheiben belegen, etwas Kümmel darüber streuen. Zuklappen, halbieren, fertig! (Wer Kümmel nicht mag, lässt ihn einfach weg!)

Kümmel ist eines der ältesten Gewürze der Welt. Im Mittelalter war es üblich, bei großen Festessen „Kümmel in Zucker" am Ende des Essens zur besseren Verdauung zu reichen.

Rhabarber-Bananenjoghurt

Rhabarber-Kompott mit Bananenstückchen und Joghurt mischen, fertig. Löffel mitgeben!

Rhabarber wird zu Gemüse gezählt und nicht zum Obst. Warum? Weil wir seine Stängel essen und nicht seinen Fruchtstand.

Mandelmilch

Tetrapak à 0,25 L mit Strohhalm

Wasser

1 große Flasche Wasser Medium

Dienstag

Brot mit Senf und Eischeiben

2 mit Butter und Senf bestrichene Brotscheiben mit Salat, Ei- und Gurkenscheiben belegen, mit Gewürzsalz bestreuen. Zuklappen, halbieren, fertig!

Käseröllchen mit Sprossen und Frischkäse

Scheibenkäse mit Frischkäse bestreichen und mit Sprossen toppen. Einrollen, in Folie verpacken, fertig!

Eine Handvoll bunte Radieschen

1 Isolierflasche warmer Fencheltee

TIPP:

Wenn die Kinder am Nachmittag aus der Schule nach Hause kommen, haben Sie meist Hunger und gehen direkt zum Kühlschrank. Achte darauf, was drin ist! Wenn zum Beispiel ein leckeres Obstmus vorbereitet ist, wird das gegessen und nicht zur „schnellen" Salami gegriffen.

Mittwoch

Roggenbrötchen mit Rotwurst

2 mit etwas Butter bestrichene Brötchenhälften mit Salat, dünnen Gurkenscheiben und Rotwurst belegen. Zuklappen, halbieren, fertig!

Tomaten-Sellerie-Gurkensaft

Tomaten-, Staudensellerie- und Gurkenstücken mit Tomatensaft im Mixer mit einem Spritzer Essig und Worcestershiresoße zu einem Saft mixen. Fertig!.

Für weiches Gemüse reicht ein einfacher Stabmixer, um einen Saft zu mixen. Ein Entsafter aber „schafft" zum Beispiel auch Möhren oder Knollensellerie. Selbstgemachte Obst- und Gemüsesäfte erweitern die Getränkevarianten, die man in die Schule mitgeben kann.

Sonnenblumenkerne

Eine Tüte zum Knabbern und mit Freunden teilen

Sonnenblumenkerne bringen Kraft und Vitalität. In Russland isst man sie als „Semitschki", „Pipas de girasol" werden sie in Spanien genannt und in der Türkei heißen sie „Cekirdek". Einfach ein gesunder Knabber-Snack!

Wasser

1 große Flasche Wasser Medium

Donnerstag

Brot mit Morbier-Käse und halben Weintrauben

2 mit etwas Butter bestrichene Brotscheiben mit Salat, Käsescheiben und mit halbierten Weintrauben belegen. Zuklappen, halbieren, fertig!

Pikanter Kräuterquark mit Kohlrabisticks

Quark mit gehackter Zwiebel, Schnittlauch, Dill und etwas Sprudelwasser verrühren, mit Paprikapulver, Salz und Pfeffer würzen, fertig. Die Kohlrabisticks extra verpackt dazu geben. *Löffel mitgeben!*

Zitronen-Kefir mit Ahornsirup

In eine Flasche Kefir den Saft einer halben Zitrone und etwas Ahornsirup dazugeben, schütteln. Fertig!

Kirschschorle

1 große Flasche Wasser mit Saft mischen (3/4 Wasser, 1/4 Saft)

SNACK-PREP:

Wenn du heute Abend ein Linsen-Curry zubereiten solltest, hast du gleich etwas für das Schulbrot morgen. Ein Curry ist vor allem durch seine Gewürzkombinationen zum Beispiel mit Kreuzkümmel, Kurkuma, Garam Masala, Ingwer und Koriander ein Genuss.

Freitag

Rote Linsen-Curry-Wrap

Wrapfladen mit Frischkäse bestreichen und mit Salat belegen. Das Curry darauf geben und mit zerbröseltem Schafskäse toppen. Einrollen, fertig! In extra Folie verpacken. *Serviette mitgeben!*

Ob rote, gelbe, braune oder schwarze Linsen, sie schmecken, sind gesund und eine wertvolle pflanzliche Eiweißquelle voller Ballaststoffe, Spurenelemente und Mineralstoffe, wie zum Beispiel Magnesium und Eisen.

Buttermilch-Shake mit Karamellsirup

Eine Flasche Buttermilch mit einen Schuss Sirup shaken, fertig!

1 Banane

Kiwi-Limetten-Vitaminwasser

Kiwischeiben und Limettensaft mit Wasser Medium aufgiessen, am Vorabend kaltstellen.

TIPP:

Binde dein Kind so oft wie möglich in die Einkäufe und die Vorbereitung des Essens ein. Je mehr Kinder über Ernährung, Herkunft und gesunde Wirkung von Gemüse und Obst wissen, um so mehr widerstehen sie der massiven Werbung für Fastfood, die täglich auf sie einströmt, weil sie dann wissen, was gut für sie ist.

Bonus: Abnehmen, Ausrümpeln, Neu Anfangen ... Das Mama Special!

Weihnachten mit seinen opulenten Mahlzeiten liegt hinter uns, Silvester und die guten Vorsätze sind in vielen Fällen Geschichte. Der kommende Frühling lockt mit guter Laune, der Vorfreude auf den Sommer und dem Wunsch nach Abnehmen, Aufräumen und Neubeginn. Drei beherrschende Themen in der Zeit von Februar bis April. Genau diesen Themen wollen wir uns widmen, aber nicht in Form von Rezepten über Low-Carb und guten Ratschlägen, abends keine Kohlehydrate zu essen, oder 20 Tipps zu „Fit fürs Leben". Wir möchten dir dieses Mal drei kleine Geschichten erzählen, die dich anregen, frischen Wind durch deine Gedanken wirbeln und vielleicht zum Nachdenken bringen sollen, zum Schmunzeln, oder was auch immer.

Drei kleine Geschichten, die vom Abnehmen, Aufräumen und Neubeginn handeln. Aber anders, als du denkst. Drei kleine Geschichten um Leib, Seele und Herz, um Mama, Frau und das Ich. Die „Dreifaltigkeit" einer jeden Mutter.

Das ultimative Trainingsgerät oder Abnehmen beginnt im Kopf

Ich laufe, jogge auf der Stelle, warte darauf, dass die Ampel für die Autos auf rot springt und ich über den Fußgängerstreifen laufen kann - auf die andere Seite, in den Park und Wald. Der Frühling beginnt, Zeit, meinen Körper nach dem langen Winter in Form zu bringen. Eine jährlich wiederkehrende Herausforderung, der ich mich in den ersten Wochen meines Projektes „Abnehmen und Muskelaufbau" mit Freuden stelle, um dann mit Schwung nachzulassen. Dieses Jahr nicht! Ich habe meine mir altbekannte Joggingstrecke wieder aufgenommen und bin gar nicht so schlecht.

Neben mir stehen kleine Kinder an der Hand ihrer Eltern und schauen auf meine trippelnden Füße. Ein etwa dreijähriges Mädchen mit roter Wollmütze kichert. Ich muss auch echt zu dämlich aussehen mit meinem Trippelgehopse und lächle zurück. Eine Mutter mit Kinderwagen schließt auf, genau so wie weitere Eltern mit Kleinkindern. Die kleine Horde strebt zum sogenannten Elefantenspielplatz am Rand des

Waldes. Er heißt so, weil die Rutsche ein Elefant ist, bzw. sein Rüssel. Immer noch springt die Ampel nicht um. Eigentlich nicht schlecht für mich, so „laufe“ ich ein paar Schritte mehr, und komme schneller zur frühlingsfitten Figur, an der es noch hapert. Wie soll das auch mit abends Low Carb gehen, wenn die Kinder oder Teenager ständig Hunger haben und nach „Sättigungsbeilagen“ verlangen und ich dann einfach mitesse? Oder Intervallfasten, wenn das Training der Kinder oder sonstige Veranstaltungen erst um 19.30 Uhr beendet sind, und wir das Abendessen in Familie einnehmen wollen, und morgens um 6.30 verlässlich der Wecker klingelt und du deinen Kindern weisgemacht hast: „Frühstück ist wichtig!“ und sie dich zurückfragen „Warum isst du dann nicht, Mama?“?

Deswegen möchte ich mehr Sport machen: Muskelaufbau (noch nicht in Angriff genommen) bei gleichzeitigem Fettabbau und Konditionstraining (bin gerade dabei□). Endlich springt die Ampel auf grün um und ich sprinte los, biege bei der ersten Gabelung nach rechts. Auf dem Elefantenspielplatz toben schon jede Menge Kinder, warm eingemummelt, klettern auf Baumstämmen herum, balancieren über gespannte Seile, machen Klimmzüge am Reck, Hüftaufschwung (Der Horror aus der Schulzeit) und haben sichtlich Spaß dabei. Ganz anders als ich. Ich quäle mich ein wenig mit meiner Joggingstrecke von 4 km, aber ich kenne sie. Letztes Jahr bin ich sie auch schon viele Male gelaufen. Sie ist vertraut, bekannt. Um aber abzunehmen, müsste ich mich steigern, mal schneller mal langsamer laufen, mehr und weiter laufen – am besten das Doppelte. Aber der Knoten in meinem Kopf kennt die Strecke, steuert, dass ich partout nicht einen Meter mehr laufen will, beteuert mir, dass diese Route wunderbar ist.

Nach dem Spielplatz geht es noch ein paar Dutzend Meter durch den Wald, dann biege ich rechts ab auf die Parkfläche, gefühlt so groß wie Central Park, und laufe auf einem Rundweg um die Fläche bis zu dem Weg, an dem im Sommer von donnerstags bis sonntags der „Espressomann“ steht und seinen röstfrischen Espresso und Cappuccino zubereitet. Rechts im Wald laufe ich hoch bis zum Flüsschen, biege davor links ab, laufe bis zur nächsten Hauptstraße, biege davor links ab und laufe im Wald entlang der Straße. Wenn ich rechts von mir neben den Autogeräuschen, gefühlte 100 Hunde bellen höre, habe ich das Tierheim erreicht, halbe Strecke. An der Parkbank mit der zerbrochenen oberen Querstrebe laufe ich wieder nach links und komme auf die Parkfläche zurück. Über den Elefantenspielplatz geht es zurück zur Ampel. Austrippeln. Fertig. Vier Kilometer geschafft.

Ich habe fast die Stelle erreicht, an der ab Mai, wenn die Sonne scheint, der „Eismann“ mit seinem rot-weiß überdachtem „Fahrradwagen“ steht und köstliches selbstgemachtes Erdbeer-, Zitronen- (beide mit Fruchtstückchen) und Bourbon-Vanilleeis verkauft (ungefähr 700 Meter vor dem Platz des Espressomannes). Plötzlich läuft ein graziles Reh, ein Mädchen von 18 Jahren, an mir vorbei. Die Sportklamotten getuned, Run Kit am Arm. Ja, ja, denke ich mir, warte ab, bist du auch mal einen Babybauch hattest. Danach ändert sich einiges. Ertappt greife ich mir an den Kopf. Was habe ich nur für negative Gedanken? Ich schicke dem Mädel telepathisch eine Entschuldigung hinterher, seufze ein „Alles hat seine Zeit" und konzentriere mich wieder auf meinen Atem. Vielleicht doch heute mal 100 Meter mehr? „Nein" dröhnt es entschieden und sofort durch meinen Kopf.

Und prompt setzt auch noch Seitenstechen ein. Der kleine Teufel Faulpelz in mir möchte eine Pause. Nicht, weil ich nicht mehr kann, sondern weil ich Entschuldigungen suche. So kann das doch nicht weitergehen? Ich biege in den Wald. Niemand kommt mir entgegen. Kein Wunder. Die Menschen sitzen zuhause im Warmen, trinken Kaffee und machen es sich gemütlich. Ich laufe an einem anderen, etwas abseits gelegenen Spielplatz im Wald vorbei. Er hat keinen Namen, zumindest keinen, der mir in meinem „Wir gehen auf den Spielplatz"-Abschnitt meines Lebens bekannt wurde. Bis zu ihm laufen Eltern selten mit ihren Kindern. Sie tummeln sich lieber auf dem näher gelegenen Elefantenspielplatz, plaudern dicht gedrängt auf den wenigen Bänken. Ein ähnliches Phänomen wie auf Kreuzfahrtschiffen. Um das kleine Schwimmbecken drängt es sich, 200 Meter weiter auf dem Deck ist es deutlich ruhiger. Auf diesem Spielplatz ist es sehr ruhig. Dabei steht in seiner Mitte ein „Piratenturm", nicht sehr hoch, aber ansprechend gemacht, der nur über einen Klettersteig, ein Seil und Baumstämme zu erobern ist.

Ich lasse den Spielplatz links liegen, jogge weiter bis zum Flüsschen, biege davor ab und will wie üblich bis zur nächsten Hauptstraße laufen. Da sehe ich den Spielplatz durch die winterlich kahlen Bäume blitzen und mir leise zurufen: „Komm doch! Komm doch zu mir!" Ich ignoriere sein Rufen, laufe weiter. Doch dann machen sich meine Beine selbständig, rennen nicht bis zur nächsten Straße, sondern kehren um und laufen über einen anderen Waldweg zum Spielplatz zurück (joggen sogar einen Umweg!!!).

Auf dem Spielplatz ist immer noch niemand. Schnell balanciere ich auf dem Baumstamm hoch zum Türmchen, halte mich zur Sicherheit an den Querseilen fest. In den Turm kann man entweder durch eine Öffnung kriechen oder steigt über einen Balken oder bückt sich drunter her. Ungeschickt schwinge ich ein Bein nach dem anderen über die Holzstange, balanciere auf der anderen Seite die „Hanfseilbrücke" wieder hinunter auf die Erde, gehe um den Turm und ziehe mich nun am vertikalen Seil hoch wie ein nasser Sack, bücke mich dieses Mal unter die Stange und stehe stolz ein zweites Mal im Piratenturm (allerdings wegen der Kinderhöhe nicht ganz aufrecht) und blicke über die Lichtung. Am Rande des Spielplatzes erspähe ich eine Holzrolle, auf der man laufen kann. Das will ich ausprobieren. Obwohl ich mich an den Griffen festhalte, um mich auszubalancieren, und nur langsam über die Rolle gehe, dreht sich das Teil viel zu schnell für mich. Immer wieder muss ich abspringen, wenn ich nicht auf die Nase fallen will, und steige trotzdem wieder auf die „Rolle“. Endlich nach einer gefühlten Ewigkeit und völlig außer Atem gelingt es mir und übermütig schließe ich drei Sätze à acht Liegestütze an der Bank an, gefolgt von drei Sätzen rückwärtigen Sit-Ups. Und dann will ich nochmal auf den Turm. Dieses Mal klappt das Drübersteigen schon viel besser. Und weiter geht die Joggingrunde bis zur Hauptstrasse und dann links. Die Hunde bellen – eigentlich „Halbzeit“ - und mich durchströmt ein pures Glücksgefühl. War das ein Spass! Ich bin tatsächlich mindestens 500 Meter mehr gelaufen. Und habe das ultimative kostenlose Trainingsgerät für mich entdeckt – einen Kinderspielplatz. Den baue ich nächstes Mal wieder mit ein. Vielleicht sogar einen ungeliebten Hüftaufschwung auf dem Elefantenspielplatz? Ich wär soweit. Alles gut fürs Abnehmen und Muskelaufbau (Ich kann es schon bald nicht mehr hören ☺) Aber egal: Abnehmen beginnt im Kopf. Als ob diese Erkenntnis neu wäre! Nein, aber in meinem Kopf ist der Knoten heute geplatzt.

Der Frühlingsputz und das Ich

Frühlingsputz. Ich lese allerorts, dass es an der Zeit ist, wieder einmal gründlich im Haus, in der Wohnung aufzuräumen, Platz zu schaffen. Jeden Tag zehn bis fünfzehn Minuten. Und Ruck-Zuck ist alles prima.

Bei mir dauert aufräumen meist ein wenig länger, deswegen fange ich schon vor dem Frühling an. Außerdem fegt da noch der Rest des eisigen Ostwindes übers Land und Grippe und Erkältungen jagen ihm hinterher. Da ist es doch zuhause am schönsten und Aufräumen ein kleines Übel (!?). Was gibt es Besseres, als mit etwas Konkretem oder vermeintlich Überschaubarem anzufangen: dem Kleiderschrank.

Gesagt, getan. Ich greife zu dem grau-glänzenden Rock mit schwarz-weißen Kringeln und passendem grauen, schwarz-weiß kringeligem Oberteil. Die Kombination habe ich mir letztes Jahr selber zum Geburtstag geschenkt. Auffällig, wunderschön. Und zumindest habe ich mich im Laden gut gefühlt. Zuhause genügte ein schiefer Blick des Sohnes und ein niederschmetterndes „Der Rock ist aber kurz.“ Kurzum, das Ensemble habe ich seitdem nicht mehr angezogen.

Ich nehme den dunklen Hosenanzug aus dem Schrank, den ich dringend gebraucht habe, aber aus Mangel an passenden Winterschuhen noch kein Mal angezogen habe. Ebenso ergeht es einem schwarzen Kleid mit transparenten Meshansatz und -ärmeln, das ich vor anderthalb Jahren gekauft habe und ...sensationell finde. Aber ausgeführt? Nein. Reiner Mangel an Gelegenheiten, begnadige ich mich selber, und greife mir Sekunden später an den Kopf. Was ist denn die Gelegenheit dafür? Das

Kleid ist abends genauso gut zu tragen wie tagsüber. Es kommt darauf auf, ob ich mir die Gelegenheit gebe. Und das mache ich. Und zwar genau jetzt.

Ich ziehe das Schwarze an und fühle mich ....wunderbar. Warum nur habe ich mir dieses Gefühl bisher nicht geschenkt? Dieses Mal bleibt das Ich in mir stumm. Ha, keine Ausrede? Gut, denn morgen werde ich das Kleid im Büro anziehen. Hoffentlich werden mich die Kollegen fragen, was es für einen besonderen Anlass gibt. Die Antwort habe ich parat: Ich bin der besondere Anlass.

So und jetzt ziehe ich den grauen Rock an, den ich eigentlich zu kurz finde und überlege mir, was ich mit ihm anstelle.

Frühjahrsputz? Aufräumen? Ich habe eingangs schon geschrieben: Bei mir dauert aufräumen meist ein wenig länger, deswegen fange ich schon vor dem Frühling an.

Das Leben ist ein Geschenk

Es kommt uns häufig nicht so vor, aber es ist so: das Leben ist ein Geschenk. Nicht immer das, was wir uns gerade wünschen. Und gerade, wenn uns Schicksalsschläge treffen wie Finanznöte, Liebeskummer, Depressionen, Krankheiten, Kündigungen, Streit, Trennungen, Existenzängste, Verluste, andere tiefgreifende Schicksalsschläge... die Reihe kann verflucht lang sein, empfinden wir das Leben alles andere als ein Geschenk. Umtauschen können wir es allerdings nicht. Nur verändern. Und es wird (fast) immer an uns liegen, das zu tun.

Und noch etwas können wir nicht umtauschen. Uns. Wir müssen, können, dürfen, sollen mit unserem „Ich" leben. In unserer Haut stecken wir nun einmal. Also wäre es besser, mit dem „Ich" achtsam, sorgsam und liebevoll umzugehen. Denn entrinnen können wir uns nicht. Weder in guten noch in schlechten Zeiten.

„Das Leben ist wie eine Schachtel Pralinen - man weiß nie was man kriegt", erklärt Forrest Gump im gleichnamigen Film seinen Mitmenschen, die neben ihm auf einer Bank sitzen, und wie er auf den Bus warten.

Auch wenn du nicht weißt, welche Pralinen in der Schachtel sind: Pralinen sind meist süß. Also versuch dir das Leben lebenswert zu machen und reicher an guten Erfahrungen und Momenten, als an Schlechten. Und sei mit dir zufrieden. Und wenn nicht? Änderungen beginnen im Kopf. In deinem!

Wenn du von innen heraus strahlst, wenn du in dir ruhst, wenn du authentisch und bei dir bist - dann bist du gewappnet und auch zufrieden. Damit lässt es sich viel leichter durchs Leben gehen, auch wenn es nicht so gut läuft.

Mir hilft es, mir im Spiegel auch mal zuzulächeln. Nein, keine Grimasse, sondern ein freundliches Lächeln.

Und wenn dir kein anderer ein Kompliment macht, mach dir selbst eins☺ - und sei es über die Augenringe am Morgen.

Gerne stelle ich mich auch auf die Zehenspitzen, mach mich groß, auch wenn ich mich klein fühle, gehe ein paar Schritte, recke und strecke mich, drücke die Schultern runter. Das fühlt sich gut an.

Auf unseren Schultern lastet viel als Mutter, Frau, Geliebten, Arbeitenden, Einkaufenden, Organisierenden, Hausaufgabenbetreuenden, Chauffeurin, Krankenpflegenden, etc.

Vergiss dabei aber dich nicht!

Und wenn es nur fünf Minuten am Tag sind.

Wenn die Sonne scheint, bleib doch kurz stehen und genieße die Wärme auf dem Gesicht.

Oder, wenn du dein Auto schon geparkt hast, aber dein Lieblingslied kommt im Radio, bleib doch vielleicht sitzen und sing mit.

Oder du steigst aus der Straßenbahn mit deinem Kind und ihr habt beide noch keine Lust auf die Hausaufgabenzeit. Eine Runde um den Block wirkt Wunder.

Fühlst du dich schlapp, ohne Energie? Dann brauchst du die fünf Minuten ganz dringend. Und wenn du nur die Augen schließt, tief durch die Nase in den Bauch einatmest, Sauerstoff in deinen Körper „lässt", den Atem kurz anhältst und alle Luft durch den Mund ausatmest. Dreimal mindestens.

Denn du bist ein Geschenk - an dich selber.

„Ja klar. Tolles Geschenk bin ich. Ich kann nichts, hab nichts, bin talentfrei. Ich habe nichts Außergewöhnliches an mir. Könnte ich doch fliegen wie ein Vogel."

Könnte der Vogel reden, würde er sagen, dass fliegen das Normalste der Welt für ihn sei. Er wurde mit diesem Talent geboren.

Wir alle haben Talente, aber da sie für uns so normal geworden sind, finden wir sie nicht mehr außergewöhnlich. Wir sind so daran gewöhnt, gut zu organisieren, lecker zu backen, gut zu reden, zu frisieren, zu laufen, zu singen, Witze zu erzählen, andere aufzuheitern, unsere Arbeit zu verrichten, Sprachen zu sprechen, gut zuhören zu können, zu stricken, Ideen umzusetzen, etc., dass wir das besondere daran nicht mehr sehen.

Zähl doch einfach mal drei deiner Talente auf. Drei findest du immer.

Für dein Talent bekommst du nicht immer Geld, aber je nachdem, Anerkennung, Wertschätzung, manchmal auch nur ein Lächeln – aber das kann die Welt bedeuten.

Vielleicht hast du manches noch gar nicht ausprobiert und weißt gar nicht um dieses Talent.

Als kleiner Junge musste Forrest Gump aufgrund eines Wirbelsäulenproblems Beinschienen tragen. Damit wurde er zum gefundenen Fressen für Hänseleien und Spott. Als ihn einmal Mitschüler auf dem Fahrrad verfolgten, rannte Forrest vor ihnen davon, verlor dabei seine Beinschienen und merkte, dass er sie gar nicht brauchte. Im Gegenteil, er stellte fest, dass er ein absolut schneller Läufer war. Ein bis dahin unentdecktes Talent!

Zugegeben, du solltest nicht auf so eine Weise dein Talent entdecken. Aber vielleicht gibt es ja etwas, das du schon immer ausprobieren wolltest.

Wenn du schon immer mal reiten wolltest, warum lässt du dir nicht eine Reitstunde zum Geburtstag schenken?!

Wenn du schon immer wissen wolltest, ob du vielleicht handwerklich begabt bist und du wohnst in einer Stadt: überall entstehen kleine Handwerker-, Fahrradwerkstätten, Läden, in denen du elektrische Geräte reparieren kannst. Schneidereien bieten Nähkurse an, Holzwerkstätten Workshops, etc.

Wolltest du schon immer mal deine Gedichte vortragen oder Geschichten schreiben? Es gibt Autorengruppen, Lesekreise.

Wenn du schon immer Tango tanzen lernen wolltest oder Swing. Es gibt Schnupperkurse. Und ja, man kann da auch alleine hingehen.

Wolltest du schon immer italienisch lernen? Wie wäre es mit der Volkshochschule, einem Buch mit CD, Onlinekursen?

Es gibt eigentlich keine Ausreden.

Ein mögliches Talent entdeckst du nur, wenn du es ausprobierst.

Vielleicht ist Talent nicht bei jedem Beispiel das richtige Wort. Manchmal geht es vielmehr darum, sich einen Traum zu erfüllen, sich selbst zu verwirklichen. Auf jeden Fall geht es darum, sich, Zeit für sich zu nehmen – neben den Pflichten des Alltags.

Damit bereicherst du dich selbst und machst dir selbst ein Geschenk!

Und du merkst wieder einmal, das Leben selbst ist ein Geschenk!

Mehr Geschichten, Anregungen findest du auch auf unserer Website mydayreloaded.de.

Fazit

Das Pausenbrot ist viel mehr als eine Schnitte. Es ist ein Stück Liebe und Geborgenheit von Zuhause, die du deinem Kind in die Schule mitgeben kannst, und bietet eine gute Grundlage, den Schultag mit der nötigen Energie zu leben. Und zwar bis zu 4.800 Mal im Schulleben deines Kindes.

Abwechslungsreiche Pausenbrote, Food Packages und Snack Preps zu machen, sind keine Hexerei. Sei kreativ, probier es aus! Am besten schon heute! Und nutze diesen „Baustein" zur gesunden Ernährung deiner Kinder!

Wie geht's weiter?

Hol dir weitere Unterstützung, um die besten **FOOD PACKAGES** und **SNACK PREPS** zuzubereiten. Am besten mit unserem/unseren

- **leckeren MEAL-PREP für deinen ersten Fahrrad-Frühlingsausflug mit den Kindern in die Natur, in unserer Special Edition Sammelkarte Frühlingszeit**
- **Exklusiven eBook „12 einfache Lösungen" wie du mit deiner Familie einen entspannteren Morgen verbringen kannst**
- **Übersichtlichen Familienkalender für alle wiederkehrenden Termine und Geburtstage**
- **weiteren leckeren Lunchbox-Rezepten**
- **hilfreichen Produktempfehlungen für Pausenbrote**
- **und vieles mehr...**

Hier erhältst Du kostenlosen Zugang zu den Ressourcen. Hol sie dir direkt jetzt:

http://bit.ly/buchextras

Wir empfehlen PAUSENBROT ZUBEHÖR:

Nützliche Helfer für die einfache, schnelle, und unkomplizierte Küche und für beste FOOD PACKAGES und SNACKPREP-IDEEN, von uns für euch empfohlen.

https://mydayreloaded.de/shop2

Die Pausenbrot Reloaded Reihe ist Teil des Online Magazins mydayreloaded.de, dass sich der „Zeit des Pausenbrotes" widmet. Dem Zeitfenster im Leben einer Frau, das mit der Geburt eines Kindes beginnt und eigentlich nicht mehr aufhört.

Verpasst keinen Blogeintrag rund um die Themen

- Kids and Food
- Simply Me
- Time Hacks
- Dreaming

und gehe auf https://mydayreloaded.de

Wenn du noch weitere Fragen zum Buch hast, dich mit Gleichgesinnten austauschen möchtest, Unterstützung brauchst und mit uns in Kontakt treten möchtest – wir antworten dir persönlich in der Facebookgruppe. Geh auf http://bit.ly/pr-fb-gruppe und werde Teil der täglich wachsenden My Day Reloaded Community.

Hier eine kostenlose Vorschau auf Pausenbrot Reloaded Nr. 4 (Mai - Juni - Juli):

Auch in Teil 4 bekommst du wieder für jeden Schultag eine FOOD-PACKAGE-Idee mit vielen einfachen und schnellen SNACKPREP-Vorschlägen. Der sanfte Frühling geht, der warme Sommer kommt in großen Schritten, und wir gehen in die letzten Wochen vor den heiß ersehnten Sommerferien. Wie gut, dass die Natur beginnt, aus den Vollen zu schöpfen und wir bei den Pausenbroten jede Menge Abwechslung „reinbringen" können.

Und wer noch Anregungen und Ideen für Sommergetränke sucht: In unserem Bonusheft findet ihr „Sechs tolle Rezepte für Fruit Infused Water und Sommerlimonaden".

PAUSENBROT RELOADED Nr. 4

MAI

Hähnchenbrust in Tomatensoße mit Nudeln

Box mit der Hähnchenbrust in Tomatensoße und den Nudeln von gestern Abend einfach aus dem Kühlschrank nehmen, fertig. Wer mag, kann noch Käse darüber streuen. *Löffel mitgeben!*

Erdbeeren mit Minze

Halbierte Erdbeeren mit frischer Minze vermischen. Fertig! *Löffel mitgeben!*

Es gibt bis zu 30 verschiedene Minzarten. Die Pfefferminze ist die bekannteste. Aber probier doch auch mal Apfel-, Nana- oder Marokkanische Minze aus. Die anspruchslose Pflanze gedeiht gut in halbschattiger oder schattiger Lage auf Balkon oder im Beet.

Tomatenburger

4 Kirschtomaten halbieren, 2 kleine Mozzarellakugeln halbieren. Jeweils eine Hälfte Mozzarella zwischen zwei Kirschtomatenhälften legen, Zahnstocher durchstecken. Fertig!

Minz-Vitaminwasser

1 große Flasche stilles Wasser mit frischer Minze

JUNI

Eibrötchen mit Dill

2 mit etwas Senf und Butter bestrichene Brötchenhälften mit Salat und gekochtem Ei belegen, Dill darüber streuen. Zuklappen, fertig!

Spargel in Schinken gewickelt

2 mit etwas Senf oder Mayonnaise bestrichene Schinkenscheiben mit je einer Spargelstange belegen, einrollen, in mundgerechte Stücke schneiden. In Folie packen. Fertig!

Mayonnaise ist aus der heutigen Küche nicht mehr wegzudenken, sei es für Pommes, sei es, dass die feine Eiercreme für Salate oder wie hier, als Brotaufstrich verwendet wird. Die Legende besagt, dass ein balearischer Koch diese Sauce extra für Herzog Richelieu kreierte und dieser ihr den Namen Mahonnesa gab, als er 1756 auf der Insel Menorca seinen Sieg der Franzosen über die Engländer feierte.

Birne-Apfel-Kiwimix

Klein geschnittene Birne, Apfel und Kiwi in ein Glas geben. Fertig! *Löffel mitgeben!*

Wasser

1 große Flasche stilles Wasser

JULI

Erbsenmus-Brot

2 mit Erbsenmus bestrichene Brotscheiben mit Salat und dünnen Tomatenscheiben belegen. Zuklappen, halbieren, fertig !

Leckere Brotbeläge kann man am Abend zuvor einfach selbst herstellen. Zum Beispiel Erbsenmus. Dazu gefrostete Erbsen mit Avocado, etwas gehackter Zwiebel und Petersilie mischen und mit Cumin, Salz, Pfeffer und Zitronensaft abschmecken und mit der Gabel zerdrücken oder kurz im Mixer zu einem cremigen Mus verarbeiten.

Sauerkirschen mit Joghurt

Entkernte Sauerkirschen mit Honig süßen und mit etwas Joghurt vermengen. Fertig! *Löffel mitgeben!*

Sauerkirschen sind reich an Vitamin C, Eisen, Zink, Folsäure und Magnesium. Jetzt in der Sommerzeit hat man sie natürlich frisch, aber auch gefrostet schmecken Sauerkirschen im Winter wie gerade geerntet.

Grüne Gurke

Gurke in dicke Scheiben schneiden, etwas salzen. In extra Folie verpacken. Fertig!

Wasser

1 große Flasche Wasser mit Kirschsaft

TIPP:

Wenn du die Kirschen entkernst, tropft soviel Saft heraus, dass du damit noch das Wasser zu leckerem Kirschwasser machen kannst.

Die Buchreihe Pausenbrot Reloaded

Hier findest Du die Übersicht unserer Pausenbrot Reloaded Reihe rund ums Schuljahr mit über insgesamt 700 Inspirationen aus der kalten Küche für die Schule und Kita (und auch fürs Büro):

BUCH NR. 1

Der saisonale Snack-Kalender für Dein Schulkind mit über 175 einfachen & leckeren Inspirationen für jeden Tag – August, September, Oktober – inkl. 12 Back-To-School Tipps

https://amzn.to/33ScpPl

BUCH NR. 2

Schnelle Meal Prep Rezepte für die Schulpause – leckere, saisonale und gesunde Snacks zum Vorbereiten und Mitnehmen – November, Dezember, Januar – inkl. Weihnachtsplätzchen

https://amzn.to/2PAsXCT

BUCH NR. 3

Gesunde, saisonale und schnelle Rezeptideen für jeden Schultag die jedem Kind schmecken – Februar-März-April – inkl. Frühlings-Mama-Special!

https://amzn.to/3kmHvEm

BUCH NR. 4

Die kompakte Lunchbox für deine ABC-Schützen. 175 Inspirationen für Kraft und Energie – Mai-Juni-Juli – mit 6 Best of Infused-Water Ideen- Abnehmen, Wohlfühlen, gesund bleiben!

https://amzn.to/3gGBhwW

Die 100 Besten Lunchbox Rezepte und Meal Preps für Kinder

Mit dem „Best of" legen wir mit diesem Buch die Kompaktausgabe der Pausenbrot Reloaded Buchreihe vor. Du findest darin eine Auswahl der besten Ideen unserer Food Packages. 100 an der Zahl. Wir bleiben dabei naturlich saisonal, abwechslungsreich und gesund!

https://amzn.to/3j25KGz

Die 100 besten Lunchbox Rezepte und Meal Preps für Kinder – Vegetarisch und vegan

Im März 2022 erscheint der vegetarische und vegane Planner von Pausenbrot Reloaded, der dir täglich Inspirationen für eine ausgewogene Ernährung für dein Kindergarten- oder Schulkind liefert. Plus 11 lustige Geschichten zum Thema Ernährung mit und für Kinder!

Unsere Malbücher zur Pausenbrot Reloaded Reihe:

MEIN FRÖHLICHES MALBUCH

Obst und Gemüse für Mädchen und Jungen ab 3 Jahre – 20 fröhliche Motive zum Ausmalen mit farbigen Vorlagen inkl. Kreativseiten zum spielerischen Vermitteln ausgewogener Ernährung

https://amzn.to/2DAR5Tr

MEIN FRÖHLICHES MALBUCH 2

Freche Früchte, gesundes Gemüse und mehr – für Mädchen und Jungen ab 3 Jahre – 20 Motive mit farbigen Vorlagen und Kreativseiten zum Malen für zu Hause und im Kindergarten

https://amzn.to/2PEmN4w

Selber Kochen im Home Office 1 – Sechs Wochen Rezepte

Die besten Rezepte für alle, die sich im homeoffice gesund und abwechslungsreich ernähren wollen. Das Kochbuch mit einfachen und schnellen Rezepten, Tipps und Meal Preps. Unkompliziert und mit wenig Zutaten für Feinschmecker, Leute die eigentlich nicht kochen wollen, Singles, Studentinnen und Studenten, Frauen, Männer, Teens und einfach alle, die gerne essen

https://amzn.to/3xx5y9Q

https://amzn.to/3AOh2Ic

GLÜCK: 100 Motto-Gedanken für jeden Tag

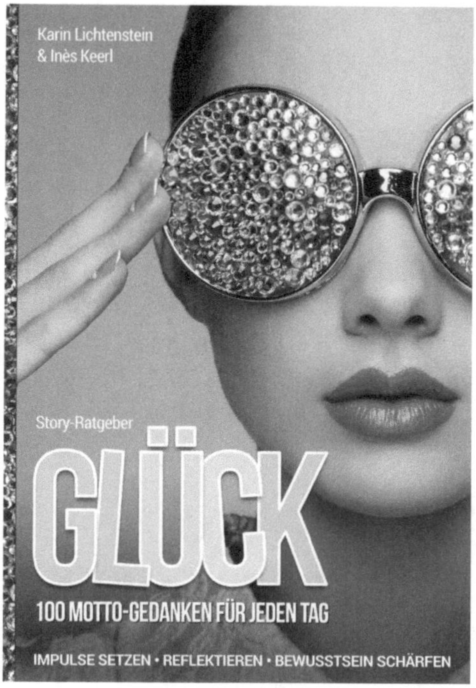

In unserem Story-Ratgeber findest du 100 Motto-Gedanken für dich und deinen Alltag!

Sehnst du dich, nach einem freien Kopf, um klar zu denken? Alles einmal zu überdenken? Neu zu denken? Oder suchst du nach spannenden und überraschenden Impulsen für deinen Alltag?

Dann ist dieses Buch ein Must-Have und FreundIn!

https://amzn.to/2vjhj8L

Mach dein Leben einfach reicher

Dein Tagebuch und Praxisheft zum Buch „Glück". Übungen, Tipps und praktische Beispiele, um dein Leben positiver zu gestalten, glücklich zu sein und tiefer in dich selbst einzusteigen.

https://amzn.to/2WuTmVF

Inès Keerl

Nach ihrem Abschluss zur Diplom-Kauffrau und neun Jahren Unternehmensberatung, hat sie 1997 einen Berufswechsel vorgenommen, wurde Drehbuchautorin und arbeitet seitdem als Autorin und Dramaturgin. Zu ihren Arbeiten zählen z.B. Folgen der Soko L.E., das Weihnachtsmärchen „Die sechs Schwäne" (ZDF) und viele Kinder- und Jugendserien (www.ineskeerl.com).

Im Buchbereich hat sie für das Kindermagazin „Macius" gearbeitet, Bilderbücher zu „Fibie" geschrieben und gemeinsam mit Karin Lichtenstein das Kochbuch „Kleine Sterne-Köche- das europäische Kinderkochbuch" heraus-gegeben. Sie ist Mutter eines Sohnes. Gemeinsam mit Karin bloggt sie auf www.mydayreloaded.com.

Karin Lichtenstein

Karin Lichtenstein ist seit vielen Jahren in Marketing und Vertrieb tätig, Sie ist verheiratet und Mutter eines Sohnes. 2008 erschienen die „Kleinen Sterne-Köche - das europäische Kinder-kochbuch", das sie gemeinsam mit Inès herausgegeben hat. Karin beschäftigt sich seit vielen Jahren mit Ernährung, unserem gesellschaftlichen Umgang mit Lebensmitteln und dessen Auswirkungen. Sie ist seither überzeugte Vegetarierin. Tierschutz und ein Stopp der derzeitigen industrialisierten Massentierhaltung sind Thema und Gegenstand ihres Engagements. Ernährung spielt in diesem Zusammenhang für sie seit langem eine große Rolle, da sie fest davon überzeugt ist, dass Gesundheit und Nahrung einfach zusammen gehören. Gemeinsam mit Inès bloggt sie auf www.mydayreloaded.com.

Printed in Poland
by Amazon Fulfillment
Poland Sp. z o.o., Wrocław

36239152R00065